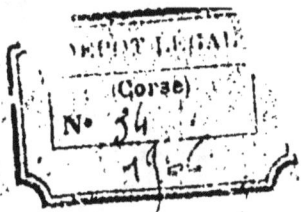

HOSPICE CIVIL

⁕ D'AJACCIO ⁕

ÉTUDE HISTORIQUE ET ADMINISTRATIVE

1581-1905

par le Lieut.-Colonel J. CAMPI

Vice-Président de la Commission Administrative de l'Hospice Civil

Officier de la Légion d'Honneur et de l'Instruction Publique
Commandeur des Ordres de l'Etoile du Bénin et du Nicham Iftikhar, etc.

AJACCIO
IMPRIMERIE MODERNE
—
1906

HOSPICE CIVIL

D'AJACCIO

ÉTUDE HISTORIQUE ET ADMINISTRATIVE

1581-1905

par le Lieut-Colonel J. CAMPI

Vice-Président de la Commission Administrative de l'Hospice Civil

Officier de la Légion d'Honneur et de l'Instruction Publique
Commandeur des Ordres de l'Etoile du Bénin et du Nicham Iftikhar, etc.

AJACCIO
IMPRIMERIE MODERNE
—
1906

PRÉFACE

Ces quelques pages d'histoire locale ont été tirées des nombreux documents, entièrement inédits, enfouis dans les cartons des archives hospitalières d'Ajaccio.

Nous ne pouvons nous empêcher de dire tout le charme que nous avons éprouvé en consultant ces vieux papiers jaunis par le temps, nous révélant à chaque feuillet des faits typiques : tel cet Angelo Pietro, le frère quêteur de l'hospice au XVIIᵉ siècle, battant la campagne d'Ajaccio, monté sur un maigre cheval, et rapportant, à la fin de la journée, à l'Ospedale dei Poveri pour quelques sous de laine donnée par des bergers au moment de la tonte, ou bien Carlo Maria Bonaparte, l'ancêtre du grand Empereur, remettant au caissier de l'hôpital la somme de 1 lira et 5 soldi, produit de l'elimosina qu'il avait recueillie à la messe della prima domenica de l'an 1666 à l'Oratoire de Saint-Jean-Paptiste et de Saint-Jérôme, en sa qualité de Rettore dell'Ospedale dei Poveri.

L'ingénuité des Ajacciens d'autrefois, bercés aux récits des Streghe et des Mazzeré[1] allant à rames, dans une nuit, d'Ajaccio, en Barbarie pour en revenir le lendemain matin à la première heure, avec des régimes de dattes fraîches attestant leur expédition nocturne, apparaît dans les feuillets de ces registres séculaires que personne ne consulte plus.

Parfois, en les parcourant, il nous semblait assister aux graves discussions des Spetabile Rettori[2] del Venerabile

[1] Les Striges et les Revenants jouent un grand rôle dans les contes populaires de la Corse.

[2] C'étaient : Giacomo Roccatagliata, Lazaro Ternano, Carlo Bonaparte, Giacomo Scaffa, Ignazio Malerba, Francesco Cuneo, Giov. Maria Ponte, Sebastiano Conti, Giov. Battista Spoturno, Mgr Andrea Doria, Mto Rev. Giov. Battista Forcioli, etc.

Ospidale dei Poveri, *qui traitaient avec leur cœur des intérêts d'une* Opera si pia.

Le sentiment chrétien et la foi la plus vive présidaient, on peut le dire, aux discussions de ces sages ; l'un d'eux, ayant à faire part aux Recteurs de la mort de Domenico Bulzone, chirurgo dell'Ospedale, leur annonce que Maestro Bulzone era passato a miglior vita, la notte scorsa. C'est moins froid et plus consolant que l'expression dont se servaient les anciens : il fut. Il est vrai que l'antiquité païenne, n'a pas connu d'établissements hospitaliers. Pour fonder des hôpitaux et les desservir, il fallait une vertu que le paganisme, dans ses créations, n'a pas entrevue : la charité.

Nous avons été guidés, dans nos patientes recherches, par la pensée que cette publication contribuera quelque peu, elle aussi, à faire revivre le souvenir de nos ancêtres, à nous éclairer sur les sentiments qui les animaient et à perpétuer le souvenir des bienfaiteurs de l'hospice d'Ajaccio, dont l'existence a été intimement mêlée, depuis trois cent vingt-quatre ans, à celle de notre cité.

L'HOSPICE CIVIL

⟶ D'AJACCIO ⟵

ÉTUDE HISTORIQUE ET ADMINISTRATIVE
1581-1905

CHAPITRE I.

Origine de l'Hôpital d'Ajaccio. — Son emplacement primitif. Modestes débuts. — Construction d'un nouveau bâtiment. Emprunt. — Progrès réels. — Le général Beaumanoir, protecteur de l'Hôpital. — Construction d'une grande citerne. — Édification du nouvel Hospice Eugénie. — Transfert des Services.

Fondée en 1492 par la République de Gênes, la cité d'Ajaccio était affligée au seizième siècle par toutes sortes de calamités. Aux ruines amoncelées par les incursions des Barbaresques et les guerres de Sampiero venaient s'ajouter les violences et les rapines des malfaiteurs, ainsi qu'il arrive après une période troublée où les institutions fléchissent devant la force (¹) ; il n'y avait de sécurité qu'à l'abri des remparts de la Cité, qui comptait à cette époque 1600 habitants ; les côtes étaient ravagées par les Barbaresques ; dans les campagnes on assassinait, on pillait, on incendiait ; la misère des Ajacciens était extrême (²).

---

(1) Lᵗ-Cᵗ Campi.— *Notes et Documents sur Ajaccio*, p. 27.

(2) Lᵗ-Cᵗ Campi. — *Notes et Documents sur Ajaccio*, p. 29. Discours des orateurs Lazaro Sorba et Pasquale Pozzo-di-Borgo au Sénat de Gênes, le 14 avril 1584 et le 19 septembre 1587.

C'est au milieu de ces angoisses qu'un homme pieux, Livio Pozzo-di-Borgo, colonel en retraite au service de Rome, s'inspirant des principes d'assistance pratiqués par l'Eglise (¹) envers l'humanité souffrante, consacra, à la suite d'un vœu, une partie de ses ressources, (une rente annuelle de 800 ducats pendant dix ans) pour créer à Ajaccio un *Ospedale dei poveri* ; l'établissement fut installé en 1581 dans l'intérieur du pâté de maisons occupées actuellement par les Écoles des Sœurs de Saint-Joseph ; il était adossé, du côté de la mer, aux anciennes murailles de la ville, près de l'anc en môle Gênois. On y pénétrait par la rue San-Girolamo (rue Sœur Alphonse). Tel est le berceau de l'hospice Eugénie, bel et vaste établissement que l'on voit de nos jours sur le Boulevard Lantivy, entre le nouveau palais Episcopal et la place Miot.

L'installation de l'*Ospedale dei Poveri* devait être très humble ; en tout cas elle ne fit pas de grands progrès puisque à la fin du XVIII⁰ siècle on constate dans un document officiel, son état lamentable. M. le chevalier Pichon, conseiller du Roi, commissaire des guerres, ayant été chargé d'inspecter l'hôpital des pauvres d'Ajaccio,

---

(1) L'antiquité païenne connut très peu les principes d'assistance ; avec la diffusion du christianisme, les peuples s'appliquèrent à soulager les misères humaines. Les Conciles s'occupaient des questions d'assistance comme des questions religieuses.

Au VI⁰ siècle, le concile d'Orléans frappait d'anathème « comme meurtrier des pauvres » quiconque touchait aux biens des hospices. Le Concile de 567 ordonnait que chaque commune devait secourir ses indigents. A partir du IX⁰ siècle se fondèrent les ordres religieux hospitaliers qui se vouaient au service des malades et des infirmes ; ils imprimèrent une forte impulsion à la création des maisons de charité ; on les appelait *Domus Dei*, maison de Dieu, et de nos jours, bon nombre d'hôpitaux portent encore le nom d'Hôtel-Dieu.

rapportait dans son procès verbal (¹) qu'une salle, appelée la chapelle, était en très mauvais état, les planchers et les soliveaux ayant été détruits, et que tout était à refaire pour rendre le local habitable. Il reconnaissait que ces dégradations avaient été occasionnées par les troupes et le service des vivres qui avaient occupé le bâtiment, et que, par suite, les frais de réparation devaient être mis à la charge du Roy.

Treize ans plus tard, le 21 mai 1778, Mgr Doria faisait connaître aux recteurs de l'hôpital que satisfaction avait été accordée : le Roy donnait une somme de 1.500 francs, pour les réparations à exécuter.

La situation de l Hôpital restait toujours précaire, on ne voyait pas de bienfaiteurs pouvant lui venir en aide, lorsque le recteur Giov. Battᵃ Tartaroli (²) fit une proposition à l'effet de nommer Protecteur de l'hôpital le général Comte Beaumanoir, issu d'une vieille et riche famille de Bretagne, Comᵗ Mᵉ à Ajaccio pour le delà des Monts ; il fit remarquer que sur le continent les œuvres pieuses et autres se plaçaient sous l'égide de quelque haut personnage qui leur prêtait appui et protection ; il rappela en même temps que les chanoines d'Ajaccio avaient nommé le Général de Marbœuf Protecteur du Chapître pour leur plus grand bien. La nomination eut lieu à l'unanimité et acceptée par le Comte Beaumanoir. Les recteurs eurent lieu de s'en féliciter : le Général devint le principal bienfaiteur de l'*Ospedale dei Poveri*.

------

(1) Le 14 octobre 1775, M. le chevalier Pichon était assisté au cours de son inspection par MM. Orto, podesta honoraire, Sebastiano Conti, Giov. Battista Tartaroli et Zigliara, recteurs de l'hôpital.

(2) Délibération du 15 août 1780.

Le 23 février 1781, deux cents ans après la fondation de
l'hôpital, on constate dans un document officiel que les
malades étaient mal soignés et mal logés ; ils occupaient
un rez-de-chaussée non pavé, humide, malsain, de nature
à compromettre la guérison des malades : *Ciò che aggrava
sovente li disgraziosi accidenti delle malattie e li precipita alla
tomba* (¹).

Les commencements de l'œuvre ont été précaires et
difficiles ; les ressources faisaient défaut pour agrandir le
bâtiment dont l'exiguité ne suffisait plus aux nécessités
croissantes.

Le 21 mars 1786, les recteurs de l'hôpital, réunis nel
salotto di Msgnor Doria, décidèrent l'agrandissement de l'hôpital par de nouvelles constructions.

Les finances de l'Hôpital ne permettant pas d'en faire les
frais, on dut recourir aux emprunts afin de compléter la
somme de 10.625 *lire* reconnues nécessaires pour la construction. La caisse du grand séminaire prêta 2.400 *lire*,
l'Opera pia di l'oglio (²) 1.544, et un particulier nommé
Gaudin 1.200.

Le 17 juin de la même année, on est obligé de faire un
nouvel emprunt pour mener à bonne fin les travaux.

A partir de ce moment l'*Ospedale dei Poveri* prend un
autre aspect : il est mieux approprié à sa destination, il est
convenablement tenu ; les malades sont bien soignés, ils
peuvent être admis en plus grand nombre.

Les murailles de la ville (côté de la mer), auxquelles

---

(1) Délibération des recteurs, février 1781.

(2) L'Opera pia di l'oglio était une œuvre de bienfaisance
ayant pour but d'accorder des secours aux jeunes filles pauvres
au moment de leur mariage, et à venir en aide aux malheureux.
Elle fut fondée le 4 août 1700 par Messire Ferdinand Spinola,
gentilhomme génois.

était adossé l'hôpital, empêchaient l'air du golfe de circuler dans la cour de l'établissement ; une supplique fut adressée au Roy par les recteurs le 20 juillet 1787, à l'effet d'être autorisés à pratiquer trois ouvertures au mur d'enceinte de la ville.

L'hôpital était dans un état relativement prospère ; il résulte en effet des comptes-rendus par Magnifico Francesco Cuneo *Sindaco*, receveur, que les recettes avaient été de 4.521 frs. 5 sols et les dépenses 4.110 frs. 7 sols pendant l'année 1783. La présence du Général Beaumanoir dans le Conseil de direction de l'hôpital en qualité de Protecteur, avait beaucoup contribué à cet heureux résultat. Le Conseil des Recteurs, voulant témoigner sa gratitude envers le Général Beaumanoir, décida qu'une plaque commémorative en marbre contenant *gli armi gentilizie* (¹) *della prefata eccelenza* S^gnor *Conte di Beaumanoir* serait placée sur les murs du bâtiment en construction (27 août 1782), ce qui eut lieu en effet.

L'eau potable faisait défaut à l'hôpital des pauvres, aussi bien que dans le reste de la ville, bâtie, comme l'on sait, en 1492 sur un promontoire sec et rocailleux. L'eau dont se servait l'hôpital provenait d'un puits situé dans la cour, elle était saumâtre et de mauvaise qualité ; dans une délibération de l'époque on attribue ce défaut de potabilité aux infiltrations sous-marines, vu son voisinage avec la mer dont il était séparé de quelques pas. Pour y remédier, on décida, à la date du 23 octobre 1784, la construction d'une citerne où l'on emploierait *dei mattoni e baïni da acqua*, des briques et des ardoises hydrauliques, pour y

---

(1) Armes des Beaumanoir : d'azur à 11 billettes d'argent 4, 3 et 4.

emmagasiner les eaux pluviales du toit de l'oratoire de San Carlo, (le procès-verbal de 1784 dit, par erreur, ora-toire de St-Jean-Baptiste et St-Jérôme).

La chapelle de l'*Ospedale dei Poveri* fut, elle aussi, l'objet de réparations ; on la mit en parfait état, en har-monie avec le développement qu'on venait de donner à l'œuvre, par les nouvelles constructions. L'Intendant (¹) céda à l'hôpital des Pauvres l'autel en marbre de Notre-Dame de Miséricorde qui existait dans l'église de Saint-Ignace, des ci devant Jésuites (St-Erasme) pour être érigé dans la chapelle de l'hôpital. Cet autel provenait d'une chapelle fondée le 2 avril 1645 par le capitaine Giovan Pietro Orto dans l'Eglise des Jésuites dédiée à N. D. de Miséricorde. Le vœu de la ville eut son origine à cette chapelle.

Maestro Antonio Borelli se chargea de démonter et transporter le tout à ses risques à la chapelle de l'hôpital, moyennant 60 francs. L'Intendant donna aussi les gardes-robes et les bancs qui se trouvaient dans la sacristie de l'église des Jésuites. (4 février 1783).

Cet autel se trouve actuellement à la Chapelle du nouvel hospice Eugénie ; il a la forme d'un sarcophage et rap-pelle l'art génois du 17ᵉ siècle.

Il y avait à peine huit années que ce témoignage de reconnaissance publique donné par les recteurs au Général Beaumanoir venait d'être fixé sur la porte d'entrée de l'hôpital, lorsqu'une députation de huit membres de la confrérie de St-Jean Baptiste et St-Jérôme, composée de

---

(1) Après la conquête, la Corse fut régie en pays d'Etats jusqu'en 1789. — Le Roi y était représenté par le Général de Marbœuf, gouverneur de l'île. L'administration et tous les services étaient confiés à un haut fonctionnaire qui prenait le titre d'Intendant.

MM. Bertora, supérieur, Monero, sous prieur, Pietra-
piana, Dellepiane, Baïnzo, Scarbonchi, Carlo Naïman,
Lorenzo Bonfante et D⁰ Tavera, demandèrent aux nouveaux recteurs qui les avaient dépossédés de l'adminis(ration de l hôpital, en conformité de l'ordonnance royale
du 23 février 1781 sur l'administration des hospices de
France, (¹) l'enlèvement de la plaque commémorative.
Les Recteurs s'y opposèrent, attendu que cette plaque,
disaient-ils, avait été élevée par la gratitude au général
Beaumanoir, protecteur de l'œuvre, qu'il avait soutenue
de ses deniers et par de nombreux bienfaits. Ce fait se
passait le 10 février 1790. Malgré la mer qui nous sépare
du continent, les échos de la Révolution répercutaient
déjà en Corse ; mais ils donnaient aux Recteurs l'occasion
de faire une noble et fière réponse aux arrivistes de l'époque. Certes il fallait quelque courage pour faire sentir un
pareil langage à des gens que la passion aveuglait.

Pendant la période révolutionnaire, l'hôpital resta sta-
tionnaire ; du reste, par une loi du 13 juillet 1793, les
biens des hôpitaux avaient été nationalisés ; l'Etat devait
prendre à sa charge les frais d'entretien.

A partir de 1830, les bâtiments de l hôpital ne répon-
daient plus, par leur exiguïté, aux nécessités croissantes; on
songea à construire un hôpital plus vaste, présentant les
conditions d'hygiène et un certain confort qui faisaient
absolument défaut dans le vieil hôpital. Mais où trouver
les fonds indispensables pour mettre le projet à exécution ?
On dut se résigner à attendre. Pour la première fois la
question de construction d'un nouvel hôpital fut traitée

_____

(1) Voir chapitre I.

officiellement le 24 juillet 1835 ; mais elle ne fut résolue que 8 ans plus tard, en 1843.

On s'arrêta pour l'emplacement au lieu dit *Rossino*, sur la route qui mène d'Ajaccio aux Sanguinaires ; ce terrain dépendait de l'ancien domaine du Casone, appartenant au cardinal Fesch.

Le 28 septembre 1842, l'architecte de la ville, Lottero, présenta un détail estimatif des travaux à exécuter, s'élevant à 110.000 francs. L'adjudication eut lieu le 12 août 1843 ; les travaux confiés à Noël Cunéo, maître-maçon et entrepreneur, commencèrent de suite. On venait à peine de faire acte d'occupation, lorsque Mgr Marius-Félix Peraldi, prélat domestique du Souverain Pontife, demeurant à Rome, fit opposition à la construction de l'hospice sur le terrain du Casone, par son représentant à Ajaccio, M. Sylvestre Frasseto, le 26 septembre 1843 ; les travaux continuèrent néanmoins et l'affaire en resta là. Mgr Peraldi était chargé des intérêts du Cardinal à Ajaccio.

L'importante question des fonds indispensables à l'édification du nouvel hôpital fut résolue de la manière suivante :

1° Emprunt à la Caisse des Dépôts et Consignations................................	30.000fr	»
2° Subvention de la ville d'Ajaccio......	20.000	»
3° Secours du Ministère......................	3.000	»
4° Produit d'une souscription faite en ville.......................................	3.006	70
5° Vente aux sœurs de Saint-Joseph et à la Ville des bâtiments de l'ancien hospice....................................	38.777	»
6° Vente de la portion du Torrione du Poggiolo à la ville......................	2.650	»
	97.433fr	70

Le 11 mars, on dut faire un nouvel emprunt de 10.000 francs à la Caisse des Dépôts et Consignations.

Les travaux continuèrent sans désemparer jusqu'en 1848. Le 23 novembre de cette année, on abandonna l'ancien hospice des pauvres, après une occupation qui avait duré deux cent soixante-sept ans (1581-1848) ; tous les services furent transférés au nouvel Hôpital. Avant la prise de possession, Mgr Casanelli d'Istria, évêque d'Ajaccio, procéda solennellement à la bénédiction de l'édifice (22 8bre 1848) et de la chapelle de l'hôpital placée sous le vocable de N. D. de Miséricorde et St-Joseph.

L'ancien autel provenant de l'église des Jésuites, dont nous avons parlé plus haut, a été réédifié dans la chapelle du nouvel hôpital. L'aile nord de l'hospice restait encore à construire ; elle a été édifiée le 8 mars 1854, on y consacra une somme de 17.500 francs. D'autres travaux complémentaires absorbèrent en outre quatre mille francs.

L'hospice Eugénie présente trois corps de bâtiments avec rez-de-chaussée surélevé et deux étages. La façade est orientée à l'est; les deux ailes nord et sud font retour en arrière, de manière à former une cour intérieure.

La commission administrative de l'hospice décida, par délibération du 17 août 1855, que l'inscription « Hospice Civil » qui se trouvait au-dessous du fronton de l'hôpital serait remplacée par celle de « Hospice Eugénie », comme témoignage de gratitude pour le don généreux que l'impératrice Eugénie a daigné faire à l'hospice pour la construction de l'aile nord (1).

---

(1) L'Impératrice Eugénie fit parvenir par l'intermédiaire de M. le docteur Conneau, médecin de l'Empereur, un don de 10.000 francs, afin de terminer l'aile de l'hôpital civil d'Ajaccio, destinée aux femmes en couches et aux enfants malades. (Lettre du docteur Conneau au Préfet de la Corse, du 4 février 1854).

L'hôpital n'avait pas de jardin, on se sentait à l'étroit ; de nos jours, on ne conçoit guère un établissement de ce genre privé d'un jardin, si petit soit-il

Sur la demande de la Commission administrative de l'hospice, la ville céda gratuitement, par délibération du 25 novembre 1848, le terrain qui forme le jardin actuel, d'une superficie de 5.500 mètres carrés. Ce terrain fut évalué dans cette délibération à 440 francs, sur le pied de 800 francs l'hectare.

Depuis cette époque de nombreuses améliorations ont été introduites. On a créé une salle de bains et dernièrement (9 janvier 1902), doté l'établissement d'une salle d'opérations.

L'hospice Eugénie satisfait aux conditions que comporte un hôpital moderne. De vastes corridors voûtés donnent accès à deux grands escaliers, qui mènent aux étages supérieurs ; les salles sont belles, spacieuses et bien aérées : celles de la Miséricorde et de Saint-Joseph ont 150 mètres de superficie.

Du perron de l'hôpital on jouit d'une vue splendide ; on a devant soi le golfe d'Ajaccio dont les eaux bleues apparaissent comme une immense turquoise enchassée par les montagnes qui entourent le golfe et lui donnent l'aspect d'un de ces beaux lacs qu'on admire dans la région des Alpes centrales ; les cimes du Monte d'Oro complètent cette illusion. Un arrêté préfectoral du 29 juin 1876 a concédé à l'hôpital une prise d'eau à titre gratuit sur le canal de la Gravona. Ce fut un véritable bienfait pour cet établissement.

Le maximum de la population de l'hôpital est fixé à

144, celle de l'hospice (¹) à 20 ; on a donc les moyens pour pouvoir hospitaliser 164 personnes.

L'hôpital d'Ajaccio ne possède pas de pavillon d'isolement pour les maladies contagieuses ; il y a là une lacune qu'il conviendrait de combler.

Le Pari mutuel contribuerait certainement dans une large mesure, peut-être même en entier, à la dépense nécessaire à cette construction. C'est surtout en cas d'épidémie que le besoin s'en ferait sentir ; en temps normal on isole les malades en disposant d'une ou deux chambres généralement inoccupées.

---

(1) Nous employons indifféremment le mot hôpital ou hospice pour désigner l'hospice d'Ajaccio. D'après la loi, l'hôpital ne reçoit que des malades susceptibles de guérison ; l'hospice, au contraire, ne reçoit que les incurables et les infirmes qui ne suivent aucun traitement : ce sont des pensionnaires. L'hospice d'Ajaccio est classé Hospice-Hôpital.

CHAPITRE II.

Administration de l'Hôpital d'Ajaccio de 1581, date de sa fondation, jusqu'en 1905, sous les divers régimes Génois et Français. — Période révolutionnaire. — Personnel médical, administratif, religieux et servant, aux diverses époques.

Nous avons dit au 1er chapitre de cette étude que l'*Ospedale dei poveri della città d'Ajaccio* était administré dès sa fondation par la Confrérie de St-Jean-Baptiste et Saint-Jérôme. A cette époque les maisons hospitalières et de refuge dans les divers pays de terre ferme étaient dirigées par des congrégations religieuses dont les membres, connus sous le nom de Frères hospitaliers, donnaient des soins aux pélerins et aux malades. Ajaccio ne possédant aucun de ces ordres consacrés à secourir les malades et les infirmes, ce fut une congrégation laïque adonnée à des exercices religieux, qui se voua à cette œuvre.

L'administration de l'hôpital était dirigée par six membres de cette confrérie désignés par le Prieur : c'était la commission administrative de nos jours ; la comptabilité, qui du reste était fort rudimentaire, était tenue par un *canceliere*, secrétaire, et se bornait à l'inscription des recettes et des dépenses journalières. Les plus anciens Recteurs dont les noms sont parvenus jusqu'à nous étaient : Battista Danese quondam Capitan Francesco, Giacinto Campiglia quondam Matteo, Anton Pietro quondam Giacinto de Letia, Pietro quondam Martino Terro. — Ces Recteurs étaient en fonctions en 1635. Les Recteurs dirigeaient non seulement l'administration de l'hôpital, mais ils faisaient aussi les nominations dans le personnel.

A la date du 12 mai 1664, i signori Rettori nomment prete Sasselo aumônier de l'hôpital, au traitement de 98 livres par an. Le 3 novembre 1669, cette nomination est rapportée pour cause d'absence. Les nobles Recteurs Francesco Vittoria, Girolamo Roccatagliata, Michele Pelo, Giov. Ber. Garbolino e Carl'Antonio Scaffa, nomment aumônier de l'hôpital Reverendo Giov. Gerolamo Bolzone, au traitement de 50 lire par an. Il aura pour obligation de célébrer la messe tous les jours de fête, d'assister et de confesser les moribonds, recommander leur âme, les exhorter à bien mourir, et faire en un mot tout ce qu'un bon religieux doit faire auprès des malades.

Les Recteurs de l'hôpital des pauvres d'Ajaccio, à la date du 1er janvier 1698, étaient Giov. Battista Baciocchi, Giov. Maria Raimarone, Paolo Francesco Odone, Matteo Martinenghi, Ignatio Malerba, Lazaro Ternano. Ces nominations furent faites par noble Pietro Malerba, Priore della confraternità et Francesco Vittoria, suo compagne (sous-prieur).

Un règlement sur la comptabilité de l'hôpital est arrêté à la date du 20 octobre 1693 ; il n'est pas bien volumineux. Il prescrit la tenue d'un registre donnant les recettes et les dépenses, *Entrate e Uscite*, inscrites très sommairement, et d'un autre registre des revenus composant la dotation de l'hôpital où figurent les immeubles lui appartenant et *i Censi*, soit les sommes prêtées à des particuliers, gagées sur des immeubles et productives d'un intérêt annuel variant de 4 à 8 pour cent.

La comptabilité et les écritures étaient tenues par un *canceliere*, secrétaire, ayant sous ses ordres comme agents d'exécution une infirmière, *la spedalina* et un *monaco*, quêteur, mendiant dans la campagne pour le compte dell'Ospedale dei poveri ; il recevait 2 lire par mois.

La comptabilité n'était pas compliquée ; le nombre des malades hospitalisés au 17e siècle et pendant la plus grande partie du 18e ne s'élevait guère au delà de 3, 4 et quelquefois 5, de manière qu'une seule infirmière suffisait aux soins à donner aux malades et à la préparation des aliments. Elle recevait un salaire mensuel de 2 lire ; plus tard il fut porté à 4 lire. Il lui était alloué 4 sous par jour, pour l'entretien de chaque malade ; c'était une sorte d'abonnement. L'administration de l'hôpital lui fournissait en outre l'huile nécessaire et le combustible pour préparer les aliments. Aussi le registre de comptabilité, à l'article Dépenses, se borne à inscrire pour chaque jour de l'année : *Pagato alla spedalina per due ammalati, 8 soldi ; pagato alla spedalina per tre ammalati, 12 soldi, etc.*

Les médicaments étaient fournis par un pharmacien et payés à part. *Michele Sassolo, speziale* recevait le 31 décembre 1723, lire 37, pour fournitures de médicaments pendant l'année 1723.

Dès 1693, on constatait que 4 sous par jour étaient insuffisants ; les recteurs demandèrent que les frais de médicaments et les honoraires du médecin fussent à la charge de la ville d'Ajaccio ; pourtant le traitement du chirurgien de l'hôpital, Giov. Battista Bolzone, qui avait succédé à son père en 1782, était loin d'être élevé : il recevait 30 lire, monnaie de Gênes, par an ! Il est vrai que pour la nomination de Giov. Battista Bolzone, on n'avait exigé ni titres, ni diplôme d'aucune sorte ; il fut nommé sur l'affirmation d'un Recteur déclarant que le fils Bolzone était un jeune homme très adroit — *un giovinastro, molto destro* — qui aidait parfois son père.

L'hôpital n'a pas toujours eu des médecins attachés à l'établissement ; ainsi on voit dans les comptes de l'année

1694 les dépenses suivantes : *pagato a Battista Capaccione, per due tirati di sangue, otto soldi, 3 marzo 1694 ; pagato a Giov. Domenico Sacchetti, Cerusico, per appicare i sanguetti, dieci soldi, 10 aprile 1694.* A moins que le fait d'appliquer des sangsues et de pratiquer la saignée ne fût considéré, à Ajaccio, comme des opérations difficiles exigeant des connaissances spéciales qui n'étaient pas de la compétence des médecins ordinaires !

Les ressources de l'hôpital des pauvres étaient bien minces au 17e siècle ; on faisait recette de tout, on ne négligeait rien ; les plus infimes étaient les bienvenues, à en juger par la suivante : 1667. — *Venduto li calzette del sbirro morto all'ospedale, 28 soldi.* Vendu les chausses du sbire décédé à l'hôpital, 28 sous. Il est vrai que la vente des chausses du sbire produisait la somme nécessaire à l'entretien d'un malade pendant sept jours.

Nous avons dit plus haut que le personnel servant de l'hôpital comprenait une infirmière, *spedalina* et un frère quêteur, *il monaco ;* ce dernier était monté pour parcourir la campagne, et l'hôpital entretenait un cheval destiné à cet objet. On trouve dans les comptes de 1667 plusieurs dépenses se référant au cheval de l'hôpital, telles qu'achat d'une corde pour le cheval — 8 soldi. *Pagato per i ferri del cavallo, 8 soldi.* Cette dernière dépense revient fréquemment, ce qui tendrait à prouver que le cheval ne chômait guère, et si, par hasard, le monaco était empêché de faire sa tournée pour cause d'indisposition ou pour tout autre motif, le cheval était vite loué. La location du cheval figure aux recettes à la date du 24 mars 1667 pour une lire par jour. On faisait flèche de tout bois pour tirer quelques sous. En 1667, il a été vendu pour 4 sous de laine, produit de la quête *del monaco.* On vend, en avril 1667, pour

6 sous de fromage provenant de la quête *del monaco ;* cet article de recette est assez souvent répété. La quête produit également une certaine quantité de blé et de millet.

L'entretien du cheval ne devait rien coûter *al Venerabile Ospedale dei poveri ;* la seule dépense pour la nourriture que nous y avons découvert, c'est celle du *brenno,* du son, *per il cavallo ;* le son était payé en mars 1670, 2 sous le bacino. Il devait être nourri sur le commun et, en somme, les seuls frais qu'il occasionnait, c'était quelques sous de corde et de ferrage, 8 sous pour réparation de la selle, auxquels il faut ajouter des frais d'équipement per il monaco, tels : 1 lira e 3 soldi per una saccheta (besace), une paire de souliers pour le même, 2 lire e 5 soldi ; et si le cheval venait à crever, vite la sollicitude des nobles Recteurs se préoccupait de ce qu'on aurait pu tirer de la carcasse de la pauvre bête. Le fait se présenta le 27 janvier 1669 et nous trouvons dans les vieux registres que nul n'interroge plus : Recettes — *Vendita del coghiu del cavallo morto, 3 lire ;* Dépenses : *pagato a chi l'ha scorticato, 10 soldi.* Produit de la vente des dépouilles du cheval mort : 3 lire ; Payé à celui qui l'a écorché : 10 sous.

Ces modiques recettes indiquent assez que l'*Ospedale dei poveri* était lui-même un bien pauvre hôpital ; il fallait une grande somme d'efforts aux Recteurs pour que l'Œuvre put se maintenir avec de si minimes ressources.

En avril 1667, on faisait des travaux à l'hôpital ; les femmes chargées du transport de 1260 mattoni — briques, de la marine à l'hôpital reçoivent pour leur salaire 1 lire et 18 sous. Le prix de la journée *delle donne* était de 8 sous par jour.

Les Recteurs de l'hôpital, élus par la confrérie de Saint-Jean-Baptiste et Saint-Jérôme désignaient l'un d'entr'eux

pour faire les fonctions de Sindaco ou *ricivitore*. Ce dernier
encaissait les recettes et payait les dépenses. Il rendait ses
comptes à la fin de chaque année ; il jouissait d'un traitement fixe de 30 lire par an, plus le 5 % sur les recettes
opérées en argent.

Sebastiano Conti, *sindaco* sortant, rendant compte le
28 février 1777 de sa gestion, fit observer qu'il avait payé
3 années de fonctions en trop, soit 90 francs à son prédé-
cesseur, Carlo Bonaparte. Sebastiano Conti eut à son tour
pour successeur Magnifico Francesco Cuneo lequel s'offrit
à remplir les fonctions de *sindaco* gratuitement ; sa proposition fut accueillie avec reconnaissance. Au moment de
la Révolution de 1789, Magnifico Francesco Cuneo était
encore en fonctions. Il eut de graves ennuis de toutes
sortes à l'occasion du règlement des comptes de l'hospice
et dut même payer une certaine somme.

La vérification des comptes de Nobile Michele Caccioni
pour les deux années 1696 et 1697 fait ressortir 1721 lire
et 2 sous de recettes et 1721 lire 11 sous et 8 deniers de
dépenses, de sorte que Nobile Michele Caccioni resta
créancier de l'hôpital d'une somme de 9 sous 8 deniers.
Les vérificateurs qui dressèrent le procès-verbal étaient :
Girolamo Pozzo-di-Borgo et Pietro Guagno, recteurs.

Les Recteurs de l'hôpital, à l'époque qui nous occupe,
étaient : Nobile Benedetto Sanguinetto, Francesco Vittoria,
Sig* Giov. Girolamo Garbolino, Nobile Domenico Pozzo-
di-Borgo, Girolamo Roccatagliata, Michele Polo.

Les derniers Recteurs élus par la confrérie de Saint-
Jean-Baptiste et Saint-Jérôme furent Giov. Bat* Tartaroli,
Giov. Bat* Recco, Giov. Bat* Poggi, Giov. Pietro Levie,
Bartolomeo Bonfante et prete Giov. Bat* Recco Capellano,
15 août 1780. Une ordonnance royale appliquait désor-

mais à l'hôpital d'Ajaccio les règles établies en France par la déclaration royale de 1688 pour l'administration des hôpitaux. Il était dit dans cette ordonnance (23 février 1781) que de graves abus étaient commis dans l'administration des biens et des revenus de l'hôpital ; que les malades y étaient mal nourris et mal soignés ; les maisons et autres fonds de l'hôpital négligés, ce qui réduisait considérablement les revenus qu'on aurait pu en tirer et amènerait la ruine complète d'une œuvre si utile, si on n'avisait promptement ; qu'enfin tous ces abus pouvaient être attribués à l'insuffisance des Recteurs choisis dans une confrérie composée d'artisans et autres personnes de même condition n'ayant pas la connaissance des affaires. Pour toutes ces raisons il était institué un bureau ordinaire de direction, composé du Juge Royal, du Procureur du Roi, du Podestà, d'un officier municipal et du curé de la paroisse, directeurs nés, plus d'un certain nombre de directeurs élus tous les trois ans, choisis parmi les principaux notables de la ville, ces derniers chargés de l'administration journalière de l'hôpital. L'évêque présidait les deux bureaux réunis.

Le bureau de Direction institué en conformité de l'ordonnance précitée, qui fonctionna de 1781 à 1789, était composé de :

Mgr Benoît André Doria, évêque d'Ajaccio, Président.

Le Maréchal de Camp Durosel Beaumanoir, Protecteur de l'œuvre.

Giacomo Maria Ponte, procureur du Roi.

Carlo de Bonaparte, juge assesseur (1).

---

(1) Carlo de Bonaparte fut remplacé à son décès en 1785, par Pietro Francesco Chiappe, qui lui succéda comme juge assesseur.

Giovan Battista Orto.

M⁰ R⁰ Giov. Bᵗᵃ Forcioli, archiprêtre.

Magᶜ⁰ Giov. Bᵗᵃ Colonna, Podestà.

Mᶜ⁰ Luigi Fozano \
Giov. Pietro Levie ∫ padre del commune.

DIRECTEURS NÉS.

Les directeurs élus etaient :

Antonio Peraldi,

Pietro Sburlati,

Magᶜ⁰ Francesco Cuneo, Sindaco, (receveur),

Simon-Tadeo Ornano,

Sebastiano Martinenghi,

Carlo Vincenzo Casalonga, Canceliere (secrétaire).

La nouvelle commission administrative procède dès le
6 mars 1781 à l'inventaire des meubles, cens, rentes et
immeubles appartenant à l'hôpital. Elle constata que le
capital dû, à titre de cens, à l'hôpital s'élève à la somme de
7484 lire 13ˢ 4ᵈ ; il était dû, à la même date, 6414 lire
pour intérêts, somme bien élevée, doublant presque le
capital, ce qui prouve que les rentrées laissaient beaucoup
à désirer.

On se mit à l'œuvre pour améliorer la situation financière qui n'était pas sans danger ; les débiteurs furent mis,
les uns en demeure de se libérer, d'autres de régulariser
par des actes publics leurs obligations envers l'hôpital.

Carlo de Bonaparte se trouvait dans cette catégorie ; les
directeurs, réunis en Commission le 15 décembre 1781, le
prévinrent d'avoir à passer un acte public pour deux cens,
l'un de 300 lire, l'autre de 400, qu'il devait à l'hôpital.
Carlo de Bonaparte répondit que c'était inutile puisqu'il
comptait se libérer. Les directeurs décidèrent qu'il aurait
jusqu'au mois de mars suivant pour rembourser ces deux
sommes.

Carlo de Bonaparte n'attendit pas cette date ; 16 jours après, le 1er janvier 1782, les cens étaient éteints.

Le 22 mars 1784, la commission de direction nomme aumônier de l'hôpital (capellano) Molto Rev. Giov. Battista Diamante, le même qui baptisa Napoléon en 1771, avec les obligations suivantes : 1° Il devra coucher à l'hôpital. — 2° Confesser les malades, les assister spirituellement à bien mourir. — 3° Il devra faire le catéchisme trois fois par semaine, et enseigner aux malades les devoirs du chrétien pour se sauver, leur faire réciter les prières ordinaires. — 4° Célébrer lui-même la messe les jours de fête à la chapelle de l'hôpital, ou se faire remplacer par un autre prêtre. — 5° Il devra obliger les malades à se confesser trois jours après leur entrée à l'hôpital, quand bien même leur état ne serait pas grave.— 6° Veiller à la police et au bon ordre parmi les malades, assister à la distribution des aliments, surveiller les servants afin que les prescriptions du médecin soient exactement exécutées. — 7° Empêcher les abus et en faire part à la direction. — 8° Assister aux réunions de la Direction et aux assemblées générales lorsqu'il en sera requis. — 9° Il aura son logement à l'hôpital. — 10° Ses émoluments sont fixés à 80 francs par an, payables en deux termes, de 6 mois en 6 mois. Il faut convenir que ces faibles appointements n'étaient guère proportionnés aux multiples devoirs qu'on lui imposait.

La commission se réunissait pour délibérer nel salotto di Mgr Benedetto Andrea Doria, à l'évêché. Toutes les délibérations portent cette mention.

L'impulsion donnée par la nouvelle administration se fait sentir dans toutes les branches du service. Le produit des loyers des maisons appartenant à l'hospice, qui avait

été de 847 lire pour l'année 1781, s'est élevé en 1787 à
1271 francs.

Enfin, les comptes rendus le 18 juin 1784 par Mag^{co}
Francesco Cuneo d'Ornano accusent un encaisse de
2.462 lire 18^s et 8^d et prouve que l'ordre et l'économie
sont désormais rétablis dans les finances *del Venerabile
Ospedale*. Les médicaments à fournir à l'hôpital sont
l'objet d'une adjudication publique. L'abbé Pietro Sburlati
est déclaré adjudicataire le 20 juin 1789 et se charge de
délivrer tous les médicaments nécessaires à l'hôpital,
moyennant 100 francs par an, à l'exception du sucre et
de ses dérivés.

Les comptes pour l'année 1789 présentent 6466 lire
17^s 3^d de recettes, et les dépenses 5624 lire 13^s 2^d.

La Révolution qui venait d'éclater en France avait
naturellement sa répercussion en Corse ; la confrérie de
Saint Jean-Baptiste et Saint Jérôme, qui avait été dépossé-
dée de son ancien droit d'administrer l'hôpital des pauvres,
par l'ordonnance royale du 23 février 1781, adresse une
requête tendant à reprendre l'administration de l'œuvre.
Le 10 février 1790, huit députés de la confrérie, les mèmes
qui avaient demandé l'enlèvement de la plaque commémorative représentant les armes du Général Beaumanoir,
se présentent aux directeurs pour soutenir leurs préten-
tions. L'assemblée décide que, sans porter à conséquence,
deux membres de la dite confrérie feraient partie du
comité des directeurs. A partir de cette date et pendant
toute la période révolutionnaire, l'hôpital d Ajaccio tra-
versa une crise mortelle ; la Convention Nationale
nationalisa les biens des hospices et mit à la charge de
l Etat leur entretien. Loi du 23 messidor an II, (13 juillet
1793).

Mais comme les choses allaient de mal en pis, on rétrocéda aux hospices les biens qui n'avaient pas été aliénés et ces établissements reprirent leur autonomie financière, le 16 vendémiaire an V (7 octobre 1796).

L'hôpital d'Ajaccio avait complètement sombré ; la tourmente révolutionnaire avait tout emporté ; le personnel aussi bien que le matériel avait cessé d'exister ; les malades n'y étaient plus admis : on les voyait mourants dans les rues de la ville, privés de tous soins. Ceci résulte d'une délibération de la commission administrative de l'hôpital, composée de Giov. G^mo Levie, président, Giacomo Pò, Nicolo Montepagano, Nicolo Armand, Michele Stephanopoli, secrétaire, en date du 26 thermidor, an V (13 août 1797). Literie, lingerie, ustensiles, ornements religieux, tout avait été pillé et volé ; les bâtiments étaient détruits en grande partie, les portes et les fenêtres enlevées, la dévastation s'était exercée partout.

Une enquête faite par les membres de la commission, établit que la destruction de l'hôpital datait de l'arrivée des commissaires de la République, après l'évacuation de l'île par les Anglais ; du reste, des témoins déclarèrent que MM. Bernard et Denat, directeurs de l'hôpital militaire, s'étaient emparés de ce qu'il y avait de meilleur dans le mobilier et le matériel de l'hospice civil et l'avaient fait transporter à l'hôpital militaire (¹).

On se mit à l'œuvre avec le plus grand zèle (août 1797) pour reconstituer à nouveau l'*Ospedale dei Poveri* ; les progrès furent lents et les moyens fort restreints ; mais enfin on finit par surmonter tous les ôbstacles et l'*Ospedale dei Poveri* est devenu aujourd'hui, sous le nom d'*Hospice*

---

(1) Voir à l'appendice n° 2.

Eugénie, ce grand et bel établissement que nous connaissons et qui rend d'inappréciables services aux malheureux.

A noter la loi du 7 août 1801 qui fait intervenir l'administration centrale dans les nominations des Commissions.

A noter également que, sous la Restauration, les membres des commissions étaient tenus de prêter serment de fidélité *au Roi*.

La Commission administrative actuelle de l'hôpital d'Ajaccio se compose de 7 membres :

Le Maire, président né ;
Deux administrateurs élus par le Conseil municipal ;
Quatre administrateurs nommés par le Préfet.

La commission ainsi constituée nomme un de ses membres pour remplir les fonctions de Vice-Président et d'ordonnateur des dépenses.

Elle est chargée de diriger et de surveiller le service intérieur et extérieur de l'hôpital et toutes les questions intéressant le personnel et les finances de l'établissement. Les divers services de l'Hospice Eugénie d'Ajaccio sont assurés de la manière suivante :

Service administratif :

1 Receveur spécial, M. Levie ;
1 Econome ('), M. Canale ;
1 Secrétaire-adjoint attaché à l'économat, M. Leccia ;
Service religieux, 1 aumônier, l'abbé Fayet ;

(1) Jusqu'en 1837 l'emploi d'économe était rempli par une sœur hospitalière, qui en avait les fonctions, avec zèle et activité, (délibération du 22 janvier 1837). A partir de cette date on créa un économe au traitement de 300 francs par an. (Décision ministérielle du 20 novembre 1836).

Service Médical, 3 médecins-chirurgiens ('), les doc-
teurs Marietti, Pompeani et Giocanti ;

Service direct des malades, 9 religieuses (Sœurs de
St-Joseph) (²) ;

Infirmiers, 3 hommes ;

Infirmières, 2 femmes ;

Jardinier, 1 homme.

En examinant attentivement les délibérations des Administrateurs de l'Hospice-hôpital d'Ajaccio depuis plus
de 300 ans sous les divers régimes gênois et français, on
se sent pénétré par l'esprit de zèle, de dévouement et de
charité qui animait ces recteurs et directeurs d'autrefois ;
par leur sagesse et leur prudence, ils ont assuré l'avenir
d'une œuvre dont les débuts furent très précaires. Cet
esprit se retrouve au même degré chez les administrateurs
qui leur ont succédé : Pietro Malerba, Paolo Francesco
Oddone, Carlo Bonaparte, Matteo Martinenghi, Lazaro
Ternano, Sébastiano Conti, Francesco Cunéo d'Ornano,
Nicolò Luiggi, Paravicini, etc.

De nos jours on ne saurait méconnaître, sans se mon-
trer injuste, les services signalés rendus dans ces dernières

---

(1) On doit un souvenir reconnaissant à la mémoire du
docteur Louis Versini, Chevalier de l'ordre des SS. Maurice et
Lazare, médecin-chef de l'hôpital civil d'Ajaccio pendant
30 années (1853-1883).

Il remplit ses importantes et délicates fonctions avec dévouement et désintéressement.

Le traitement de ce praticien, considéré en Corse comme le
plus habile chirurgien de son temps, n'était que de 300 francs
par an ; il fut élevé à 400 francs après 10 années d'exercice.

Le docteur Versini exerçait son art avec passion, le titre de
médecin-chef de l'hôpital d'Ajaccio suffisait à le dédommager
des soins qu'il prodiguait aux malades de l'établissement.

(2) Les sœurs de Saint-Joseph sont attachées à l'hospice
d'Ajaccio par délibération en date du 27 janvier 1826, elles étaient
d'abord trois ; le nombre a été successivement augmenté en 1858
et en 1864 et porté à neuf.

années par M. Maestroni-Meglia, ancien juge de paix, chevalier de la Légion d'Honneur, et le Commandant Frassati, également Chevalier de la Légion d'Honneur. Le premier fut administrateur ordonnateur des dépenses pendant 40 années, le second pendant 23 ans. Ces deux administrateurs ont acquis plus particulièrement des droits à la gratitude de leurs concitoyens.

L'année 1847 vit s'accomplir une réforme réclamée depuis longtemps par l'opinion, et qui fut une consolation pour les pauvres malades. Jusqu'en 1846, les cadavres des malades décédés à l'hôpital d'Ajaccio étaient inhumés sans cercueil. Par délibération prise le 7 août 1846, la commission administrative de l'hospice prescrit qu'à l'avenir les cadavres seraient placés dans un cercueil ou caisse, et habillés avec les effets qu'ils avaient en entrant à l'hôpital. Cette décision eut son effet à partir du 1er Janvier 1847. Le même mode d'inhumation était pratiqué en France à cette époque pour les militaires décédés dans les hôpitaux de l'armée.

Nous terminerons en donnant les noms des administrateurs en fonctions en 1843, à l'époque de l'édification du nouvel hospice Eugénie, et de ceux chargés de l'Administration en 1905.

Commission administrative de 1843 :

MM. Paul François Peraldi, chevalier de Légion d'Honneur, Maire Président ;
Joseph Antoine Maestroni, ordonnateur ;
Toussaint Campiglia ;
Pascal Peraldi ;
Noël Pugliesi ;
Michel Stephanopoli, officier de la Légion d'Honneur.

Commission administrative de 1905 :

MM. Dominique Pugliesi-Conti, Maire, Président ;

Jérôme Michel Campi, Lieutenant Colonel, Officier de la Légion d'Honneur ;

Jean Etienne Santinacci, Commandant, Officier de la Légion d'Honneur ;

Toussaint Bartoli, conseiller municipal ;

Xavier Franceschini, conseiller municipal ;

Paul Léoni, ingénieur civil ;

Dque Antoine Paoletti, capitaine, Chevalier de la Légion d'Honneur.

CHAPITRE III.

Dotation — Cens, revenus — Quelques recettes éventuelles de l'hospice d'Ajaccio au 17e siècle — Recettes et dépenses de l'année 1904 — Journées de malades traités à l'Hospice pendant l'année 1904. Prix de revient de la journée, nombre de malades admis en 1904. — Décès survenus pendant la même période.

La première dotation au profit de l'hospice fut celle de 880 ducats pendant 10 ans faite en 1581 par le colonel Livio Pozzo-di-Borgo, fondateur de l'Ospedale dei Poveri. Cet argent fut employé en acquisition d'immeubles et en constitution de rentes au profit de l'œuvre, ce qui explique du reste les revenus que l'hospice possédait dès les premières années de sa fondation. Ces revenus étaient le produit des loyers et des cens constitués par les principales familles d'Ajaccio qui empruntaient à la caisse de l'hôpital. A une époque où il n'y avait pas de banque à Ajaccio, les propriétaires qui avaient besoin d'argent se trouvaient dans l'obligation de mobiliser une partie de leurs propriétés pour s'en procurer, et les Recteurs de l'hospice trouvaient ainsi un moyen assuré pour faire fructifier le peu d'argent qu'ils avaient en caisse.

L'administration de l'hôpital ne prêtait qu'à bon escient et exigeait un gage certain ; c'est le cas de dire qu'elle ne prêtait qu'aux riches. Les prêts étaient qualifiés de constitution de cens en faveur de l'Ospedale dei Poveri. Les intérêts variaient du 4 au 8 pour cent. On déclarait vouloir constituer un cens annuel de 40 francs par exemple, pour obtenir de la caisse de l'hôpital la somme de 800 francs. Un acte public était dressé par un notaire entre les Recteurs de l'hôpital, nominativement désignés, et la personne qui devait constituer le cens. Celle-ci affectait une maison ou une vigne comme garantie.

Le prêt était perpétuel ; le capital n'était pas exigible si l'emprunteur payait exactement les intérêts, l'immeuble restant frappé d'hypothèque en faveur de l'hôpital en quelques mains qu'il passât ; néanmoins la personne qui avait constitué un cens en faveur de l'hospice pouvait se libérer à toute époque, le prêt était *remidibile*.

Dès les premières années de la fondation, on assiste à la constitution de cens en faveur de l'hospice :

1601 (9 avril). — Gabriele Staguno, quondam Rocca, cittadino di Ajaccio, constitue un cens annuel de 42 livres et 10 sous, monnaie de Gênes, gagé sur une maison qu'il possède à Ajaccio strada dritta. (Santo Pozzo-di-Borgo, notaire).

1631 (4 mai). — Madonna Bastiana, fille de Magnifico Antonio Novella, cittadina di Ajaccio, constitue un cens de 16 livres, gagé sur la moitié d'une maison et cour qu'elle possède strada Messer Valentino Petra confinant d'un côté avec Brancatio Coti et de l'autre avec les héritiers Colonna, sur le derrière *con le muraglie della camera serenissima* (Francesco Cassalto, notaire).

1634 (2 avril). — Le caporal Giov. B. Oneto, quondam Agostino, constitué un cens annuel de 32 livres, gagé sur une maison située *strada che si dice di magnifico Sebastiano Stella, confinante col forno di Giov. B. Baciocho* (Gabriel Bonaparte, notaire).

1635 (15 juillet). — Angelo Santo, quondam Ciaffino, cittᵉdino di Ajaccio, constitue un cens annuel de 8 livres, monnaie de Gênes, gagé sur une maisonnette qu'il possède près de la tour St Georges, à côté de l hôpital des pauvres (Geronimo N. Notaro).

1634 (4 mai). — Maestro Livio, quondam Antoine Pozzo-di-Borgo, constitue un cens de 8 livres sur une maison qu'il possède strada de la Cathédrale et de l'Eglise du Buon Gesù (Chapelle des sœurs de St-Joseph), près de la maison de messer Andrea Lavagna (Luigi Rastelli, Notaro).

1655 (8 juillet). — Giov. Maria Leggi constitue un cens annuel de 48 livres sur une maison qu'il possède strada del Vecchio-Seminario, rue St Charles (Luiggi Rastelli, Notaro).

1665 — Nobile Théodora, V. di Carlo Malerba, constitue un cens annuel de 8 livres sur une maison sise strada del Vecchio Seminario, rue St Charles (Pietro Sportuno, Notaro).

1666 (15 août). — Carlo Frasso, figlio di messer Baldovino, constitue un cens annuel de 16 livres sur une maison qu'il possède près de la maison di Virgilia Pozzo-di-Borgo. (Luigi Rastelli, Notaro).

1668 (10 août). — Nobile Carlo Malerba constitue un cens annuel de 48 livres sur une maison située strada del Vecchio Seminario, contiguë à l immeuble des hoirs J. Dque Pianelli et la maison de Livio Pozzo-di-Borgo. (Gᵐⁿ Scaffa, Notaro).

1670 (23 avril). — Nobile Raffaello Rossi, Capitano, constitue un cens annuel de 16 livres sur une maison située carruggio dritto, près de la Loggia (rue Notre Dame), confinant d'une part avec la maison de noble Antonio Pontremoli et d'autre part avec celle de Nob. Marc-Aurelio Rossi.

1670 (12 décembre). — Giov. D. Cardo constitue un cens annuel de 12 livres sur une maisonnette et une vigne situées alle Canne et aux Salini.

1671 (22 mars). — Nob. Martino Diamante, cittadino d'Ajaccio, constitue un cens annuel de 24 livres sur une maison située in strada Valentino, confinant avec les maisons de Nob. Francesco Frasso et de Mag. Ariotto Benielli avec cour donnant du côté des murailles de la ville, ainsi que sur une vigne située au Forcone, limitée par les propriétés de Nob. Ant. Giov. Diamante et du Capitaine David Lambroschini ; a reçu un capital de 300 livres, en reali di Spagna (sur cette somme 200 fr. provenaient de l'extinction d'un cens de F. Cuneo quondam colonnello Fabbiano (J. Scaffa, notaire).

A la date du 1ᵉʳ Janvier 1665, l'Ospedali dei Poveri avait un capital de 13.136 livres placé en cens productifs d'intérêts annuels ; le taux variait du 4 au 8 pour cent. Ces 13.136 livres avaient été prêtées pour la constitution des cens aux propriétaires ajacciens dont les noms suivent :

M.^{co} Livio Pozzo-di-Borgo.......	100	livres
Caporale Giov. Battista Oneto.	400	»
M.^{co} Quilico Cardo, l'erede.....	300	»
Sor Ignazio Baciochi............	100	»
M.^{co} Giov. Girol. Ponte........	250	»
Giov. Battista Peri...............	600	»
Giuseppe Ondella......	200	»
N.^{le} Carlo Frasso.................	200	»
Giov. Raffé Basso...............	200	»
L'erede di Luigi Rastelli.........	200	»
Nob. Carlo Bonaparte....,.....	200	»
Nob. Federico Leca....,........	100	»
Giov. Laparato di Bastelica......	100	»
Carlo Malerba....................	600	»
Giov. Battista Bastelica..........	100	»
M.^{co} Vte d'Ornano, l'erede.......	5000	»
Tomasino Pozzo di Borgo......	75	»
Giov. Marino....................	200	»
Marco Rossi.....................	200	»
L'erede di Manassi...............	350	»
Santo Monterosso...............	100	»
Giov. Girol. Cotti...............	50	»
Carlo Maria Leggi...............	400	»
Giuseppe Maria Rossi..........,..	1000	»
Giov. Domenico Cardi..........	150	»
Cristoforo Rossi.................	600	»
Martino Diamante...............	795	»
Paolo Maria Pozzo-di-Borgo....	300	»
Martino Diamante...............	100	»
Bastiano Bocognano.........:.....	100	»
Martino Diamante............,...... .	300	»

Les Recteurs de l'hôpital en 1666, à l'époque où ces

cens se trouvaient constitués étaient Benedetto Sangui-
netti, Francesco Vittoria, Giuseppe Pozzo-di-Borgo quondam Damiano, Giov. Valerio Costa, Carlo Bonaparte et
Angelo Santo Cuneo.

Le revenu provenant des loyers des maisons appartenant à l'hôpital constituait la plus importante recette
après celle des cens. Nous avons dit qu'il avait été de
1.271 livres en 1787. Les immeubles appartenant à l'hôpital étaient situés dans les rues ci-après :

Strada della Porta, (rue du Diamant).

Strada del Seminario Vecchio, (rue St-Charles, près de
la Cathédrale).

Strada Calabraga, (rue des Bûcherons).

L'hôpital possédait dans cette rue plusieurs immeubles.

Strada Fontanaccia, (rue Roi de Rome, près de la citadelle).

Strada Troilo-Lubera, (rue du Centre).

Un immeuble situé dans cette rue, loué par bail emphytéotique, appartient encore à l'hôpital.

Strada del Monastero, (rue des Écoles).

Strada del Vescovo, (rue Napoléon).

Strada del Macello, (rue des Glacis).

Dans cette rue l'hôpital possédait divers immeubles ; le
dernier a été aliéné, il y a 4 ou 5 ans.

Al Poggiolo, in borgo, une partie du Torrione, vendu
à la ville.

La rentrée des loyers se faisait difficilement ; au règlement de comptes pour la période 1781-1787, on constate
que la somme des loyers irrecouvrables s'élève à 7644 livres. De nombreuses délibérations, prescrivant des mesures
énergiques pour la rentrée des loyers, sont prises périodiquement et obtiennent peu de résultats.

Sur un état des mauvais locataires figure, en tête de liste, le bourreau, *il boja*; l'exécuteur des hautes œuvres occupait une maison appartenant à l'hôpital, rue du Ma-cello, louée 26 francs par mois. On dut poursuivre ce locataire récalcitrant pour une somme de 447 francs et saisir ses appointements entre les mains du Directeur de l'enregistrement (5 septembre 1812).

Les autres articles de recettes étaient : 1° Un droit d'abattage sur les animaux de boucherie. *Il macello*, l'abattoir, appartenait à l'hôpital des Pauvres ; il était mis en adjudication et donné au plus offrant. Pendant la période de 1781-1786, le droit d'abattage a rapporté 779 livres, 3 sous, 6 deniers. La boucherie, abattoir, fut adjugée en 1782 à un sieur Luigi Guiain, boucher français, moyennant la somme de 108 livres, payées par anticipation.

2° Les journées d'hôpital des militaires au service de Gênes produisent une recette mensuelle de quelques lires. Pendant les années 1665-1666 et suivantes, cette recette apparaît très régulièrement sous la rubrique : Ricevuto da Claudio, Capo dei Tedeschi, lire 10 — Ricevuto da Claudio, Capo degli Svizzeri([1]), 7 lire — Ricevuto dal S. Enrico Vitmann, Capo dei Tedeschi, lire 27 (23 août 1724). Des recettes de cette nature sont opérées aux mêmes dates pour les *Païselli* ([2]) et gli Italiani.

3° Le produit de *Angelo Pietro*, *il monaco* parcourant à cheval la campagne d'Ajaccio, faisant quête de tout : blé, millet, laine à l'époque de la tonte, fromage, pain, etc.

---

(1) Il s'agit de troupes mercenaires Suisses à la solde de Gênes.

(2) Les Païselli étaient des nationaux levés dans la campagne de Gênes. On les distinguait des Mercenaires Italiens à la solde de la République.

Ce qui n'était pas consommé ou utilisé par l'hôpital se vendait et constituait une recette très appréciable.

Le *monaco* ne restait jamais inactif. Le produit de la *raccolta del monaco* revient souvent dans les registres des entrées des années 1665-1666 et suivantes ; on y lit :

Lana venduta, raccolta del monaco Angelo Petro : lire 4 — Grano venduto, raccolta del monaco : lire 30 — Formaglio, pane, etc. Raccolta del pane à Alata, à Appieto, etc.

4° Les aumônes recueillies régulièrement le dimanche par les recteurs de l'hôpital constituaient de petites recettes qui venaient périodiquement s'ajouter au maigre budget de l'hôpital.

On lit dans les comptes de l'année 1666 : *Ricevuto da Carlo Maria Bonaparte l'elemosina della prima domenica* 1 lira 5 soldi. En 1698, on ne fait plus mention du nom du Recteur qui a fait le versement ; on se borne à inscrire :

1° Giugno 1698 ho fato di limosina, lire 3 soldi 1.
8   id.   id.   lire 1 soldi 12.
13   id.   id.   lire 2 soldi 10.

Le jour des Trépassés, la quête donnait de 6 à 8 lire.

Nous venons de mettre sous les yeux du lecteur ce que nous appellerons les recettes additionnelles de l'Ospedale dei Poveri ; elles étaient bien pauvres, il faut l'avouer.

Sous le régime français, vinrent s'ajouter une partie des amendes prononcées par les tribunaux, attribuées aux œuvres de bienfaisance.

A la date du 16 février 1787, les directeurs adressèrent une supplique au Roi à l'effet d'être autorisés à louer par bail emphytéotique certaines maisons appartenant à l'hôpital afin d'en tirer un revenu fixe et certain, franc de toutes charges d'entretien et d'impôt. La requête des directeurs fut accueillie favorablement. Les comptes de l'hôpital pour une période de 5 ans et 9 mois, du 6 mars 1781 au 31 décembre 1786, présentés par Mag. Francesco Cuneo d'Ornano le 2 avril, donnent :

Pour les recettes. . . . . 26.399 l. 14 s. 9 d.
Et les dépenses 26.199 17 4
_____
Excédent. . . . .   199 l. 97 s. 5 d.

Nous donnons ici le détail des recettes et des dépenses pendant la dite période :

Recettes :

1° Droit d'abattage, 779 l. 3 s. 6 d.

2° Produit des aumônes, 882 l. 8 s.

3° Produit des condamnations par la junte de Mezzana, 3.507 l. 10 s.

4° id. par la junte de Tallano, 2.602 l. 19 s.

5° id. par la justice royale (tribunal d'Ajaccio), 540 l. 10 s.

6° id. par le conseil supérieur, 306 l.

7° id. par la municipalité, 37 l. 5 s.

8° Produit des loyers, 1.271 l.

9° Produit des cens, 4.424 l. 15 s.

Dépenses :

1° Frais d'administration, 506 l.

2° Traitement du chirurgien, 219 l. 6 s.

3° Traitement de l'aumônier, 164 l.

4° Salaire des infirmiers et servants, 1.018 l. 1 s. 6 d.

5° Achat de médicaments, 923 l. 12 s. 6 d.

6° Mobilier, ustensiles etc. 728 l. 8 s. 6 d.

7° Frais d'alimentation, 2.603 l. 0 s. 9 d.

Sous le régime gênois, la caisse de l'hôpital était confiée au Commissaire gênois, pro tempore, gouverneur du delà des Monts, et déposée al publico Palazzo. A son rempla-

cement qui avait lieu tous les deux ans, les fonds étaient
remis à son successeur, après vérification. Un procès-verbal signé des Commissaires et des Recteurs constatait
l'opération. Voici un de ces procès-verbaux :

20 Maggio 1722 — In salotto del publico palazzo e alla
presenza dell'Illustro Gerolamo Arbora commissare in
Ajaccio, questo giorno è stata consegnate d'all'Illustro
Andrea Doria, commissaro del biennio prossimo passato,
all'Illustro Gerolamo Arbora, moderno commissaro di
Ajaccio, la somma di lire due mile quatro cento ottant'otto,
soldi 10, denari 8; fra mezi scudi argento da sei, soldi otto
e monete minute, così contate alla presenza dei signori
illustrissimi e delli signori Giuseppe Forcioli, Lazaro
Ternano, Francesco Saverio Rossi, Rettori di detto Ospedale.

La caisse fermait à deux clefs dont une était conservée
par le commissaire et l'autre par Forcioli, rettore. Le
dernier compte-rendu de l'ancienne administration à
l'époque de la Révolution (27 janvier 1789) présente :

Pour les recettes . . . .   6.466 l. 17 s. 3 d.
Dépenses 5.624   13   1

Excédent . . . .   842 l. 04 s. 2 d.

A la Révolution, nous voyons figurer parmi les
nouveaux directeurs de l'hôpital des pauvres, dans une
délibération du 18 janvier 1791, *Anno II della Libertà*,
Joseph Fesch, devenu plus tard cardinal archevêque
de Lyon. Les intérêts de l'hôpital eurent beaucoup à
souffrir pendant la Révolution. Outre la dévastation de
l'établissement, les vols et le pillage du mobilier au point
d'avoir amené la fermeture de l'hôpital pendant des années, il y a lieu d'ajouter des pertes assez élevées qui l'at-

teignirent dans sa dotation. Un certain nombre de personnes qui avaient établi des cens en faveur de l'hôpital, en profitèrent pour se libérer en assignats dont la valeur devint presque nulle au bout de peu de temps.

L'importance de l'hôpital d'Ajaccio s'accrut d'année en année ; ses ressources augmentèrent, lentement il est vrai, mais d'une manière constante, grâce à l'ordre et à l économie et aux dons et legs qui devinrent plus considérables que par le passé ; aussi le nombre des malades admis augmenta chaque année dans de fortes proportions. On avait songé à demander à la ville une subvention annuelle de 1.200 fr. à prélever sur les produits de l'octroi, principalement consacré à la bienfaisance (28 mai 1826). Nous ignorons l'accueil fait à cette demande. Les recettes de l'octroi d'Ajaccio en 1826 s'élevaient à la somme de 32.000 francs.

L'examen des budgets à partir de 1819 prouve d'une manière certaine que le nombre des malades admis augmentait annuellement. En 1819, les recettes présumées étaient de 13.783 fr. 90 c., les dépenses 8.314 fr. 40 c., excédent 5.469 fr. 50 c. La moyenne des malades était de huit par jour et le prix de la journée o fr. 80.

1821 -	Recettes :	11.770 fr.	Dépenses :	11.624 fr.	
1831 -	id.	14.806 fr. 40	id.	14.382 fr.	
1841 -	id.	18.567 fr. 25	id.	18.271 fr.	
1851 -	id.	20.257 fr. 27	id.	18.197 fr.	
1871 -	id.	29.416 fr.	id.	25.629 fr. 63	
1881 -	id.	25.000 fr.	id.	24.000 fr.	

L'hôpital possédait encore un certain nombre d'immeubles ; afin d'éviter les pertes de loyers auxquelles on était exposé par la location directe de ces immeubles, il fut décidé qu'on les louerait à bail pour 9 années à M. Jean

Baptiste Colla, le 30 avril 1845, au prix de 1356 francs ; ce dernier les sous louait à son tour. Par ce moyen l'hôpital pouvait compter sur un revenu certain.

En 1841, le service des enfants assistés donnait une recette de 8.000 fr. environ. Le traitement du receveur de l'hospice, à cette date, était fixé à 300 francs ; les médecins recevaient les mêmes émoluments en 1858.

Après avoir examiné la nature des ressources de l'hôpital aux diverses époques, le mode d'administration, les recettes, dont quelques-unes sont empreintes d'un caractère peu banal et peignant bien l'esprit de nos anciens dans les siècles passés, il nous reste à présenter l'état des recettes et dépenses actuelles. Le budget de l'hospice Eugénie pour l'année 1904, nous en offrira les moyens ; on pourra se rendre compte des progrès réalisés, grâce aux nombreux bienfaiteurs du siècle passé, qui n'ont pas craint de diminuer le patrimoine de leurs héritiers pour venir en aide aux malheureux.

L'actif de l'hospice Eugénie pour l'année 1904 peut se détailler ainsi :

Dotations :

1° Loyer de maisons, 276 fr.

2° Rente sur l'Etat, 10.039 fr.

3° Intérêts de fonds placés au Trésor, 100 fr.

4° Intérêts d'Oblig. chemin de fer P. L. M. 9.620 fr.

5° Vente de légumes, produit du jardin (¹) 1.182 fr. 84.

6° Subvention de la ville pour les infirmiers, 200 fr.

---

(1) Du 1er Juin au 31 Mai 1905 le jardin de l'hospice dont la superficie est de 5.500 mètres carrés a produit pour 2066 fr. de légumes : vendus au marché, 1182 fr. 84 ; consommés par l'établissement, 767 fr. 89 ; 580 litres de vin, évalués 116 fr. — La basse-cour a produit, pendant la même période 315 douzaines d'œufs évalués 309 fr. 85 c.

7° Part des concessions faites au cimetière, 600 fr.

8ⁿ Droit sur les spectacles et les concerts, 500 fr.

9° Produit du tronc (aumônes), 300 fr.

10° Subvention communale afférente au service hospitalier, 200 fr.

11° Subvention de la ville pour 4 religieuses, 800 fr.

12ⁿ Produits du jardin consommés par l'hôpital, non compris ceux portés à l'art 5, 883 fr. 89.

13° Produit de la basse-cour, 309 fr. 85.

14° Malades payants, infirmes, vieillards, enfants, 10.000 fr.

15° Accessoires à la dotation, dons et legs, 3.700 fr.

Dépenses :

1° Traitement du personnel médical, 1.800 fr.

2° id. id administratif, 2.985 fr.

3° id. id. de l'aumônier, 500 fr.

4ⁿ Vestiaire (9 sœurs) 3.600 fr.

5° Gages de préposés et servants, 1.875 fr.

6° Médicaments et appareils, 1.200 fr.

7° Dépenses spéciales de l'hospice, nourriture, éclairage, chauffage, literie, lingerie, etc, 16.365 fr.

Le total des recettes pour le budget de 1904 a été de 35.385 fr. ; celui des dépenses s'est élevé à 32.522 fr. La somme de 10.000 francs portée à l'article 14, recettes, pour journées de malades payants provient : 1° d'Italiens traités à l'hôpital à la charge du gouvernement italien 4071 fr. ; 2° malades aux frais de l'assistance médicale 3.699 fr. 20, et 2.219 fr. 80 réglés par les malades hospitalisés et les pensionnaires.

Le prix de la journée des malades traités dans les salles communes est fixé à 1 fr. 50 et à 1 fr. 70 pour les malades de l'assistance médicale.

Les malades qui ont des chambres spéciales paient 4, 5

et 6 francs par jour, suivant le cas. Tous les matins, les médecins de l'hôpital donnent des consultations gratuites aux indigents qui s'y présentent.

Le service médical, aussi bien que le service intérieur de l'hospice fonctionnent avec une régularité parfaite et ne laissent rien à désirer. Il est facile de se rendre compte des progrès depuis 1581, date de la fondation de l'Ospedale dei Poveri jusqu'en 1904 ; Ajaccio avait à la première de ces dates 1600 habitants, il en compte aujourd'hui 22.000. Intimement lié à la vie de la cité pendant 323 ans, l'hôpital des pauvres en a suivi toutes les phases heureuses et atteint ce degré de prospérité que l'on constate de nos jours. Le nombre des journées de malades traités à l'hospice Eugénie en 1904 atteste son importance : il a été de 17.985 ('), dont 9.455 journées d'indigents non payants. Elles sont réparties de la manière suivante :

1° Italiens des deux sexes, 2.714 journées.

2° Aliénés des deux sexes, 222 journées.

3° Malades à la charge de la ville, 317 journées.

4° Malades au compte de l'assistance médicale, 2.176 journées.

5° Malades payants des deux sexes, 1.629 journées.

6° Indigents des deux sexes admis gratuitement, 7.625 journées.

7° Pensionnaires invalides des deux sexes, 1.436 journées.

8° Indigents incurables, 1.830 journées.

Les dépenses normales faites par l'hôpital en 1904 se sont élevées à 32.326 francs ; le nombre de journées de

---

(1) Pendant l'année 1846, les journées de malades traités à l'hôpital avaient été de 7.650 dont 3.650 journées d'invalides et autres, gratuites. La population de la ville d'Ajaccio en 1846 s'élevait à peu près à 11.500 habitants.

malades traités pendant la même année ayant été de 17.985, il en résulte que chaque journée de malade a coûté à l'hôpital 1 fr. 797.

L'assistance médicale paie pour ses malades traités à l'hôpital d'Ajaccio 1 fr. 70 par jour et les autres malades payants 1 fr. 50. Dans le premier cas, l'hôpital a supporté une différence en moins de 0 fr. 29 c. par journée et dans le deuxième cas 0 fr. 977.

Les dépenses pour les divers personnels de l'hôpital s'élèvent à 13.375 fr. par an, soit 36 fr. 47 par jour. Pour chaque journée de malade dont le prix de revient a été de 1 fr. 797 en 1904, les frais du personnel y entrent pour 0 fr. 74 c. par jour et par malade. Il en résulte que les frais d'alimentation, de blanchissage, d'éclairage, de chauffage et les médicaments ont coûté 1 fr. 057 par journée de malade.

Le nombre des malades des deux sexes admis à l'hôpital en 1904 a été de 623, celui des décès pendant la même année s'est élevé à 38.

Nous ne croyons pas exagérer en affirmant qu'il n'existe à Ajaccio aucune œuvre dont les services rendus à la société puissent lui être comparés. Ils restent ignorés pour la majeure partie de la population ajaccienne, car tout ce bien est fait sans bruit et sans éclat.

CHAPITRE IV.

Legs et dons faits à l'hôpital d'Ajaccio. — Noms des bienfaiteurs.

1652 (22 Octobre). — Giacominetta del fù Bastiano da ARCOLI, lègue à l'hôpital des pauvres *une maison* quelle possède, Strada San Giorgio (Rue Sœur Alphonse). — Testament Girolamo Scaffa.

« Les recteurs de l'hôpital se chargeront de ses funérailles et dépenseront ce qu'ils jugeront convenable ; en outre ils feront dire douze messes dans le courant de l'année qui suivra son décès. » Elle ordonne que son corps soit inhumé dans la Cathédrale d'Ajaccio.

1783 (9 Janvier). — Magnifico Fi ncesco Cuneo, Sindaco, fait connaître aux recteurs, réunis nel salotto di Monsignor Vesco , qu'un bienfaiteur aussi pieux que libéral a fait lon à l'hôpital de *douze matelas* et *douze traversins, quatre couvertures et quelques menus objets,* en déclai nt qu'il tenait à garder l'anonymat, attendu qu'il spérait du ciel la récompense, et non de ce mond L'assemblée, à l'unanimité, souhaite al pio e berale benefattore les bienfaits de ce monde e attendant les bénédictions célestes.

Il fait connaître en outre que M Delors, capitaine d'artillerie à Ajaccio a remis, pour l'hôpital, *quatre-vingt seize francs* provenan de la succession de la femme d'un officier d'ar llerie.

1783 (20 Novembre) — Giuseppe Maria PERALDI lègue
          100 lire pour être employés à acheter du linge
          pour l'hôpital.

1818 (16 Novembre) — Joseph Antoine de BACIOCCHI-
          ADORNO, colonel en retraite à Avignon, fait
          don à l'hôpital d'Ajaccio de *deux clos* plantés en
          oliviers, dits Cimitero et la Costa, à Valle de
          Mezzana, évalués 722 fr.

1819 (16 Mai). — André CAMPI, ancien chef de cabinet
          au Ministère de l'Intérieur sous le Consulat, lègue
          la somme de 5.000 fr. — Testament olographe
          du 1ᵉʳ septembre 1817.

1819 (26 Juillet). — Produit de la vente des objets dé-
          posés à l'ancien Mont de Piété (¹) d'Ajaccio,
          non retirés à la dissolution : 2.826 fr. 75 c. Les
          objets or et argent vendus à la Monnaie en Tos-
          cane, par l'intermédiaire de Giovanni Peraldi,
          produisirent 750 fr.

1821 (27 Décembre). — Dame Marie Madeleine Am-
          biegna, épouse FONTANABONA, lègue la som-
          me de 500 fr. — Testament par acte public.

1826 (10 Novembre) — Paul François PERALDI lègue
          la somme de 5.000 fr. — Testament olographe
          du 1ᵉʳ décembre 1824 (²).

---

(1) Le Mont de Piété d'Ajaccio avait été fondé le 16 février
1618, 159 ans avant la création du Mont de Piété de Paris, par
l'évêque Sartorio di Policastro.

(2) Par délibération du 19 novembre 1826, la commission
administrative avait arrêté qu'un buste en marbre de Paul François Peraldi, bienfaiteur de l'hospice et ancien administrateur,
serait placé dans la grande salle, au dessus d'une pierre lapidaire
en marbre noir, rappelant les services rendus à l'hospice. Cette
délibération n'a pas été approuvée par le préfet Comte de Lantivy
qui déclara qu'une plaque commémorative, comme celle placée
en 1818 à la mémoire d'André Campi, suffisait.

1826 (20 Mars). — Dominique PERETTI institue pour
    légataire universel l'hôpital d'Ajaccio.   Testa-
    ment P^{re} Versini notaire.

    La commission administrative renonce à la
    succession. On lui présente un compte où l ac-
    tif est de 7,235 fr. 65 et le passif de 8.888 fr.

1832 (22 Décembre). — Charles Ambroise LAVINI lègue
    une somme de 500 fr.

1832 (22 décembre). André RAMOLINO, Commandeur
    de l'ordre des deux Siciles, Chevalier de la Lé-
    gion d'Honneur et de la Réunion, fait un legs
    de 1.200 fr. — Testament public.

1835 (20 Janvier). — Dame Madeleine Robaglia, Veuve
    LAMBROSCHINI, legs de 1.000 fr. Testa-
    ment du 8 Juillet 1834.

1835 (11 Juillet). — Etienne STEPHANOPOLI RAGA-
    ZACCI, legs de 300 fr. — Testament 4 février
    1829.

1839 (30 Octobre). — Dame Jeanne Marie ORSONI,
    née Benielli, legs de la *moitié d'un rez de chaussée*,
    rue Roi de Rome, ou bien 300 fr. payables par
    son héritier dans les 6 mois qui suivront le dé-
    cès de son épouse. — Testament 17 septem-
    bre 1836.

1840 (20 Juin). — Dame Vve PIAZZA, née Canali, legs
    de 400 fr. — Testament du 12 Juin 1835.

1841 (11 Novembre). — Joseph VERSINI, legs de la
    moitié d'un rez de chaussée, rue Roi de Rome, ou
    bien la somme de 300 fr. payables par son frère
    Pascal Versini. — Testament du 11 octobre 1841.

1845 (8 Avril). — Alexandre Michel FOURNIER, Ins-
    pecteur des contributions directes en retraite à

Foix (Gers), lègue 3.000 fr. — Testament Omon-Font, notaire.

Par suite des réclamations de Félix Antoine Alata et Ange Marie Vincenzini, née Alata, parents nécessiteux de Fournier, le Conseil d'Etat n'autorise pas l'hôpital à accepter le legs. (Arrêt du 28 mai 1847.)

1852 (10 Février). Général Comte de SPARRE, Commandeur de la Légion d'Honneur, Officier des ordres de Léopold de Belgique et de St Ferdinand d'Espagne, Chevalier de St Louis, fait don de 1.000 fr.

1854 (4 Janvier). — Jean Baptiste SORBA, journalier (¹) lègue une somme de 200 fr. à l'hôpital.

1855 (17 Février). — S. M. L'IMPÉRATRICE EUGÉNIE, don de 10.000 fr. destinés à l'achèvement de l'aile nord de l'hospice.

1854 (31 Mars). — Mademoiselle Marie Antoinette CANAVAGGIO, legs de 100 fr.

1854 (20 Juin). — Dame Veuve Rosine PERALDI fait don de 2.000 fr.

1854 (4 Novembre). — Dominique FORCIOLI fait don de 2.000 fr.

1854 (28 Octobre). — La baronne d'EYSS, née Madeleine Cunéo d'Ornano, lègue 1.000 fr. — Testament mystique 4 avril.

1861 (1er Juin). — HUBERT DERVIEU, interné à Ajaccio, pensionnaire de l'hospice, lègue 2.000 fr. — Testament du 14 octobre 1860. — Rusterucci notaire.

---

(1) Il n'y a rien de plus touchant que ce legs de 200 francs fait à l'hospice par Jean Baptiste Sorba, journalier. C'est le pauvre donnant à plus pauvre que soi !

1861 1er (Août). — Dame Marie Antoinette MULTEDO, Veuve Cuneo d'Ornano, lègue de 100 fr. — Testament du 20 février 1850 Rusterucci notaire.

1864 (17 Janvier). — Ignace Séraphin MELGRANI, juge de paix en retraite à Cuttóli-Cortiéchiato, lègue la *nue propriété d'une vigne et d'une maison* situées à Campiano.

1864 (20 Mai. — Paul François PERALDI lègue une somme de 5.000 fr. — Testament olographe du 15 décembre 1857.

1865 (20 Novembre). — Joseph Antoine GRANDVAL, ancien industriel à Marseille, officier de la Légion d'Honneur, fait donation à l'hospice Eugénie d'Ajaccio, sa ville natale, de *666 obligations du chemin de fer P. L. M.* remboursables par tirage annuel à 500 francs chacune, soit 333.000 francs, inaliénables, suivant acte du 20 novembre 1865. — Rusterucci notaire. Avec charge de remployer en rente sur l'Etat, les obligations remboursées, et maintien de l'affectation imposée par le donateur ; délibération du 11 juin 1865.

Pendant les années 1859, 1860, 1861, 1862, 1864, et 1865, Grandval avait déjà donné pour 76.492 fr, 26 c., ce qui porte sa libéralité envers l'hôpital à 409.492 fr. 26 c. (¹)

1866 (25 Octobre). — Comte Félix Marius BACIOCCHI, sénateur, premier chambellan de l'Empereur,

---

(1) La dotation Grandval a assuré définitivement l'existence de l'hospice d'Ajaccio et a permis toutes les améliorations introduites dans cet établissement pour le plus grand bien des malades Les administrateurs n'ont plus qu'a gérer sagement et honnêtement, comme ils le font du reste, ce patrimoine des pauvres confié à leur dévouement.

surintendant des théâtres, Grand Officier de la
Légion d'Honneur, lègue 10,000 fr. — Testament 13 Octobre 1864.

1866 (23 Octobre). — Edouard LEMENÉE, Econome du
pénitencier de Chiavari, fait un legs de 300 fr.
— Testament Pierre Versini notaire, 7 septembre 1866.

1868 (1er Avril). Dame Colombe CONTI, née Peraldi,
lègue 1.000. fr.

1869 (3 Octobre). — Dame Joséphine CONTI, née Peraldi, lègue 3.000 fr.

1870 (4 Décembre). — Pierre ZEVACO, legs de 1000 fr.
— Testament Peraldi notaire, 2 décembre 1870.

1871 (21 Novembre). - Dame Paule Marie POZZO DI
BORGO, née Forcioli, legs de 6.000 fr. — Testament olographe du 24 mai 1859.

1872 (13 Février). — Etienne CONTI, sénateur, Grand
Officier de la Légion d'Honneur, chef de Cabinet de Napoléon III, lègue 10.000 fr. à l'hôpital
d'Ajaccio.

1874 (31 Mars). — Mademoiselle Laurine PERALDI, legs
de 5.000 fr.

1874 (22 Mai). — Dame Marie Maria Joséphine ROSSI,
née Conti, legs de 2.000 fr.

1878 (26 Mai). — Joseph Antoine MAESTRONI, ancien
juge de paix, administrateur de l'hôpital pendant
40 années, chevalier de la Légion d'Honneur,
lègue 2.000 fr.

1878 (25 Juin). — Dame Madeleine FORCIOLI-CONTI
don de 5.000 fr., plus un capital pro-
ductif d'une rente annuelle de 52 fr. applicable
à la célébration d'une messe par semaine, à perpétuité, dans la chapelle de l'hôpital.

1879 (13 décembre). — Vicomtesse Letizia SEBASTIANI, née Paravicini, veuve du Lieut' Général Vicomte Tiburce Sébastiani, don de 10.000 fr.

1883 (23 Septembre). — Jean Baptiste COSTA, Inspecteur des contributions directes en retraite, lègue 3.000 fr.

1884 (23 Août). — Dame Letizia BRACCINI, veuve du capitaine Ange Campi, soldat d'Austerlitz, don de 3.000 fr., plus la dépense nécessaire pour la pose d'une plaque commémorative dont elle dicta elle même l'inscription à y graver.

1884 (18 Octobre). — Laurent FAVELLA conducteur principal des Ponts et Chaussées en retraite, don de 3.000 fr.

1885 (2 Février). — Laurent FAVELLA, etc., don de *deux chambres*, rue Fesch 46, évaluées 1.600 fr. productives d'un loyer annuel de 96 fr. Conditions : à partir de son décès et de celui de sa gouvernante, Anne Marie Scaglia, l'hospice entretiendra sa chapelle sépulcrale, sise à *Croce di Lisandro* territoire d'Ajaccio, et qu'aucune inhumation autre que celle du donateur et de sa gouvernante ne pourra y être faite. La chapelle restera constamment fermée et ne pourra s'ouvrir que pour les réparations, s'il y a lieu, et une fois par an, le jour des Trépassés, pour y allumer une lampe ou une veilleuse.

1885 (31 Janvier). — Docteur Pierre FRASSETO, Médecin principal en retraite, Officier de la Légion d'Honneur, et Madame Frasseto, née Bodoy, don de 5.000 fr. — Rusterucci notaire.

1886 (11 Novembre). Dame Angèle Marie POGGI, veuve
    Alessandri, legs de 600 fr. — Testament Peraldi
    notaire, 3 juillet 1889.

1888 (30 Octobre). — Louis BERNIER, legs de 1.000 fr.
    — Testament Sabadini notaire.

1890 (2 Juin). — Antoine Marie CAMPI, legs de 500 fr.

1890. (1er Juillet). — Vicomtesse Letizia SEBASTIANI,
    née Paravicini, veuve du vicomte Tiburce Sé-
    bastiani, Lieut' Général, Grand Croix de la
    Légion d'Honneur, ancien Pair de France, lègue
    une *rente annuelle et perpétuelle* de 1.000 fr. —
    — Testament olographe, 28 Juin 1858.

1890 (9 Décembre). — Dame Marie Laure PERALDI,
    née Conti, lègue 5.000 fr. — Testament du
    28 Mars 1879.

1894 (15 Juillet). — Bernard BRADSCHAW, don d'un
    harmonium pour la chapelle de l'hôpital, valeur
    500 fr.

1894 (11 Octobre). — Dame Veuve ZEVACO Laurent,
    née Farinacci, lègue 2.000 fr. — Testament
    Rusterucci, notaire.

1896 (26 Mai). — Dame Marie Antonia, Veuve ORTO,
    née Arrighi, lègue 400 fr. — — Testament Rus-
    terucci notaire
        La commission refuse l'acceptation à cause des
    charges imposées : 6 messes par an à perpétuité,
    délivrance du legs 6 ans après le jour de son
    décès.

1897 (31 Janvier). — Baronne BURDETT-COUTS,
    produit d'une quête faite au sein de la colonie
    anglaise à Ajaccio, 1.000 fr.

1898 (5 Mars). — Laurent FAVELLA, conducteur principal en retraite des Ponts et Chaussées, lègue 18.000 fr., y compris les deux dons qu'il a fait en 1884 et 1885.

1898 (18 Décembre). — Etienne LEVIE, Médecin Inspecteur de l'Armée en retraite, Commandeur de la Légion d'Honneur, lègue à l'hôpital d'Ajaccio la moitié de sa succession, évaluée à 65.000 fr. à charge de payer à sa fille unique Madame Jeanne Levie, épouse Bertrand, une rente viagère de 2.000 fr. par an. Par transaction intervenue avec Mme Bertrand, l'hospice a reçu 25 000 fr.

1899 (2 Juillet). — Don ANONYME, 3.000 fr. (¹)

1901 (10 Novembre). — L'abbé Dominique LAMBROS-CHINI, lègue la *nue propriété* d'une vigne s'tuée aux Salini, évaluée 300 fr. et le 5ᵉ *étage avec mansardes d'une maison* rue St Charles à Ajaccio, évalué 400 fr. Usufruitiers : abbé Rossi et ses deux sœurs, neveu et nièces du testateur. — Testament olographe.

1904 (20 Février). — LANZI FRÈRES, en mémoire de leur père François Lanzi, négociant, Président de la Chambre de commerce d'Ajaccio, Chevalier de la Légion d'Honneur, don de 2.000 fr.

1906 (15 Janvier). — Bernard BRADSCHAW, rentier legs de 2.000 fr. — Testament olographe du 9 janvier 1901.

---

(1) Nous ne sommes pas tenus à la même réserve que le généreux donateur ; cette libéralité est l'œuvre de M. Louis Petrocchi, rentier, homme de lettres.

Ici s'arrête la liste des legs et dons faits à l'hospice d'Ajaccio : c'est tout ce que nos recherches ont pu découvrir
dans les archives hospitalières. Il est certain que pendant
la période de 166 ans qui s'étend de 1652, date du legs
de Giacominetta da Arcoli à l'année 1818, date de la donation du colonel Baciocchi, de nombreux legs ont été
faits à l'hospice ; malheureusement les noms des bienfaiteurs ne sont pas parvenus jusqu'à nous. Mais il est certain
que, dès les premières années du 17ᵉ siècle, l'hospice tirait
un revenu assez élevé des loyers de maisons, désignées à
Ajaccio sous le nom de *Casa di u legato pio*. Cette appella-
tion, qui indiquait l'origine de ces immeubles, était aussi
employée pour désigner les maisons occupées par des locataires peu empressés à payer leur terme

De l'examen de cette liste des bienfaiteurs de l'hospice
d'Ajaccio, un fait se dégage : tous ces bienfaiteurs sont
des Ajacciens, ils ont eu en vue le soulagement des pauvres de leur ville natale. En général on donne aux pauvres que l'on connait, à ses voisins, à ses concitoyens
malheureux et non aux pauvres qu'on ne connait pas. On
a été témoin de leurs misères et on désire leur venir en
aide. C'est ce sentiment qui a déterminé le colonel Baciocchi, en retraite à Avignon, lorsqu'il fit sa donation
en 1818, Etienne Lévie, médecin inspecteur de l'armée
en retraite à Marseille, en 1898 et Joseph Grandval industriel à Marseille, en 1865. Certes, à Avignon et à Marseille, les misères à soulager ne manquaient pas ; c'est à
Marseille que Joseph Grandval avait fait sa grande fortune ;
cela n'empêche que leurs libéralités envers les pauvres ont
été dictées par une idée spéciale : secourir leurs concitoyens
malheureux, et par une autre idée que nous qualifierons
de générale : assurer à leur œuvre un caractère de perpétuité.

Comme conclusion, nous dirons que les seuls Ajacciens indigents ont droit à être traités gratuitement à l'hospice civil d'Ajaccio, dans la mesure, bien entendu, des ressources de l'hôpital. Les indigents des autres communes de la Corse doivent être hospitalisés aux frais des communes ou du département, l'admission des indigents étant facultative et non obligatoire.

CHAPITRE V.

Particularités. — L'hospice des pauvres faisant l'office de banque privée et de banque d'Etat.

Au chapitre III, à l'article Constitutions de Cens, nous avons exposé de quelle manière l'Ospedale dei Pover[i] faisait fructifier le peu d'argent qu'il possédait. Il n'y avait pas à cette époque d'établissement de crédit et moins encore, de valeurs mobilières ; les propriétaires qui avaient besoin d'argent empruntaient à l'hôpital, en affectant comme gage de la créance des maisons ou des vignes.

L'hôpital tenait lieu de banque privée. La Magnifica Comunità di Ajaccio eut recours, elle aussi, à la modeste caisse de l'hôpital.

Le 18 juillet 1738, elle empruntait 1000 lire gagées sur la plaine de Sevani, Campo di Loro ; deux ans après, elle empruntait de nouveau 2.400 lire au taux de 4 % pour les travaux de la Fontana-Nova.

Enfin les pères Jésuites reçurent de l'hôpital, à titre purement gracieux, une somme de 1.000 lire à rendre à la première requête. Le gouverneur général génois et le commissaire d'Ajaccio, gouverneur du delà des monts, eurent souvent recours à la caisse de l'Ospedale dei Poveri pour payer la troupe et assurer les services publics, en attendant que le Sénat de Gênes pût leur envoyer l'argent nécessaire. Ainsi, le Gouverneur Général, Giov. F[co] Grapallo, fait une demande aux recteurs de l'hôpital, le 5 août 1730, pour avoir une somme de 3.000 lire, pour payer, disait-il, la *soldatesca* de la ville et de la citadelle, prenant l'engagement de les rendre dès que les fonds seraient arrivés de Gênes.

Le commissaire d'Ajaccio, Federico Peirano, rend les 3.000 lire en *zecchini di Genova*.

Le 28 juillet 1731, Federico Peirano fait un nouvel emprunt de 3.000 lire pour les mêmes motifs ; voici en quels termes le reçu était libellé pour ces sortes d'emprunts :

« Sono lire tre mila, moneta corrente fuori banco, che
« ricevo imprestati dalli N. N. Rettori dell'Ospedale di
« questa città, di quale mi ne servirò per soministrare les
« paghe alle soldatesche, stante la scarsezza in cui mi
« trovo di dinaro, avendo obligate li sudetti nobile Ret-
« tori a fare detto imprestito, quali si restituirano da me
« col primo sborzo mi sarà fatto per conto della Sere-
« nissima Républica e in fede.

Signé : Giacomo Filippo Peirano commissaro. »

Cette somme est rendue à l'hôpital huit mois après, le 6 mars 1732 aux Recteurs Lazaro Ternano et Colonna d'Istria, *in doppie di Spagna ed altre monete*.

Nouvel emprunt du commissaire Carlo Grillo Cataneo, le 1er mai 1732 ; il est remboursé le 23 juin 1732.

Les emprunts se multipliaient fréquemment ; ils variaient de 1.800 lire à 4.000. En 1736, Ottavio Grimaldi, commissaro, emprunte 2.212 l. ; en 1737, Bernardo Soprani, commissaro, 2.516 lire ; le même en 1737, 3.240 lire ; en 1740, 3240 lire etc.

Ces sommes, prêtées aux représentants de la Sérénissime République à Ajaccio pour assurer les services publics, n'étaient pas productives d'intérêts.

A une époque plus rapprochée de nous, 6 avril 1832, la ville d'Ajaccio emprunte à l'hospice une somme de 41.960 fr. pour permettre l'achèvement de l'Hôtel de Ville (Place des Palmiers). Certes, l'hospice n'avait pas

cette somme dans sa caisse. On dut recourir à une opération de banque peu banale. Ces 41.960 fr. constituaient
tout le capital que possédait l'hospice : il était placé en
rente sur l'Etat 5 °/₀ et rapportait annuellement 2.098 fr.
d'intérêts. L'hôpital vendit la rente sur l'Etat, réalisa le
capital de 41.960 fr. et prêta cette somme au 5 °/₀ à la
ville d'Ajaccio. Celle-ci supporta les frais nécessités par
cette double opération et remboursa à l'hospice trente
deux ans plus tard, 29 Mars 1864.

Ce prêt a été la dernière opération de ce genre faite
par l'hôpital des pauvres d'Ajaccio.

CHAPITRE VI.

Les propriétés mobilières et immobilières de l'Hospice d'Ajaccio en 1905.

Nous avons fait connaître la situation financière de l'hôpital d'Ajaccio aux diverses époques sous les régimes gênois et français : elle consistait en propriétés, généralement mal entretenues, dont le revenu était très aléatoire, et en cens annuels gagés sur les propriétés des particuliers qui empruntaient à l'hôpital.

Actuellement, la richesse de l'hospice est constituée par des valeurs immobilières, fonds publics, et obligations de chemins de fer de tout repos ; du reste, la volonté du principal bienfaiteur, Joseph Grandval, en a ainsi disposé. Et c'est pourquoi toutes les ressources disponibles de l'hôpital reçoivent cette affectation. Il en résulte que le budget de l'hospice peut s'établir chaque année sur des bases certaines et l'administration de l'établissement est rendue ainsi plus rigoureuse et plus aisée.

Voici l'état détaillé des propriétés foncières, des rentes et obligations représentant l'actif de l'hôpital civil d'Ajaccio, au 31 Décembre 1905.

Le tableau qui suit témoigne des progrès réalisés, et de la prospérité croissante de l'hospice-hôpital d'Ajaccio. On aurait de la peine à y reconnaître le vieil *Ospedale dei Poveri* avec ses modiques recettes d'autrefois.

État des propriétés foncières, rentes et obligations

composant l'actif de l'Hospice d'Ajaccio

à la date du 31 décembre 1905

N° D'ORDRE	DÉSIGNATION DES IMMEUBLES ET DES VALEURS	TITRES DE PROPRIÉTÉS	VALEUR APPROXIMATIVE pour les immeubles RÉELLE pour les valeurs mobilières	OBSERVATIONS
	I. - Valeurs Foncières		fr. c.	Le mobilier et le matériel de toute nature non compris.
1	Bâtiment de l'Hospice et dépendances autres que le jardin	Construit en 1843-1848	300.000 »	
2	Jardin bordant le Bd Lantivy, superficie 5500me, valeur comme terrain à bâtir.	Donné par la Ville en 1848	160.000 »	
3	Immeuble situé rue du Centre..........	Loué par bail emphytéotique de 1788	2.500 »	
4	Immeuble situé à l'angle de la rue des Écoles et de la rue des Bûcherons.	Id.	2.500 »	
	TOTAL des valeurs des propriétés foncières..........		465.000 »	
	II. - Valeurs Mobilières			
1	Rente sur l'Etat 3 % au cours du 31 décembre 1905..........	11 titres de rente	396.133 33	
2	Obligations du chemin de fer P. L. M. remb. à 500 f..........	2 certificats comprenant 583 Obligations dont un de 169 et l'autre de 414	291.500 »	Provenant du don Grandval et non encore sorties aux tirages.
	TOTAL des valeurs mobilières....		687.633 33	
	Report des valeurs foncières.		465.000 »	
	Total général de l'actif..........		1.152.633 33	

APPENDICES.

APPENDICE I.

Notice sur le Général Durosel Comte Beaumanoir.

Le Général Comte Durosel Beaumanoir, gentilhomme breton d'une branche établie en Normandie, commanda en qualité de Maréchal de Camp les troupes françaises dans le delà des monts avec résidence à Ajaccio ; il y menait la vie d'un grand seigneur. Nommé Lieutenant Général en 1784, il sollicita et obtint comme une faveur de ne pas quitter Ajaccio ; son nom figure sur l'Etat Militaire de la France de 1787, avec le titre de Commandant en second dans l'île de Corse.

Le nom du Général Beaumanoir fut donné à la place Spinola, près de la citadelle, et à la portion du boulevard Lantivy, entre la place Spinola et la rue sœur Alphonse.

Pendant son séjour à Ajaccio, il entretint des relations suivies avec Charles Bonaparte. Emigré à la Révolution après avoir vu tous ses biens confisqués, il s'était retiré en Angleterre, où il vivait dans la gène la plus complète.

Dans une lettre qu'il adressa au Premier Consul Bonaparte en 1803, il lui rappelait ses relations d'autrefois avec la famille Bonaparte, et lui exposait en même temps sa triste situation. Il ajoutait qu'il avait prêté à son père 25 louis à l'occasion d'un voyage qu'il fit pour aller à Autun et à Brienne voir ses enfants ; que cette modique somme, qui lui eût été indifférente jadis, serait une ressource pour lui dans l'état où il se trouvait (il était âgé de 86 ans).

Après avoir lu sa lettre, Napoléon s'écria : « Cela est sacré, » et se retournant vers son secrétaire, il lui dit « Ne

perdez pas une minute, envoyez dix fois la somme, écri-
vez au Général Beaumanoir que j'aurai soin de lui. Je
veux qu'il soit immédiatement rayé de la liste des émi-
grés. » *(Histoire de Napoléon* par le colonel d'artillerie baron
de Coston.)

APPENDICE II.

Notice sur le Général Comte de Marbeuf.

Le Général Louis Charles René Comte de Marbeuf, grand croix de l'Ordre Royal et Militaire de St-Louis, Commandant en chef, Gouverneur de la Corse pendant 18 ans, appartenait à la petite noblesse de Bretagne ; il mourut à Bastia, siège de son commandement, le 20 septembre 1786, à l'âge de 80 ans. Il débarqua pour la première fois à Ajaccio le 8 décembre 1764, prit part à toutes les opérations dont l'île fut le théâtre et assuma le Commandement suprême en 1770, après le départ du Général Comte de Vaux.

Il avait commandé en Corse pendant 22 ans.

Il a été inhumé dans l'église Saint Jean de Bastia.

L'établissement de la colonie grecque à Cargèse eut lieu pendant son gouvernement, en 1774. Le roi érigea en cette circonstance, Cargèse en marquisat de Marbeuf.

Marbeuf était un ami de la famille Bonaparte à laquelle il portait un vif intérêt ; il n'aurait pas été étranger à l'admission de Napoléon à l'école royale de Brienne.

En tête de ses ordonnances il prenait les titres de : Comte de Marbeuf, 1er gentilhomme de la chambre de feu Roi de Pologne, Duc de Lorraine et de Bar, Lieutenant du Roi des quatre évêchés de la haute Bretagne, Grand croix de l'ordre royal et militaire de Saint Louis. — Lieutenant-Général des armées du Roi et de l'isle de Corse. Commandant en chef dans la dite isle et ses dépendances.

M. de Marbeuf s'était marié, septuagénaire, avec Mlle Catherine Antoinette de Fenoyl, âgée de 17 ans.

De ce mariage naquirent 1° Laurent de Marbeuf, officier d'ordonnance de l'Empereur, Colonel de chevau-légers, tué à 26 ans en 1812, pendant la campagne de Russie, à la bataille de Krasnoé.

En souvenir des relations de famille entretenues en Corse, Napoléon avait accordé à Laurent de Marbeuf une dotation de 15.000 fr.

2° Une fille qui se maria avec le comte Valon d'Ambrugnac, Lieutenant Général, Pair de France, sous la Restauration.

Madame de Marbeuf mourut le 18 mars 1839, dans la maison du Sacré-Cœur de Varennes.

APPENDICE III.

Extrait du registre des délibérations de l'Administration Centrale du département du Liamone. (Session du 12 Messidor an 3 de la République.)

La detta Amministrazione,

Vista la lettera del Cittadino Cuneo, Sindaco del Ospedale dei Poveri di questa città, insieme allo stato dei bene e crediti del detto Ospedale ;

Vista la legge dei 16 Vendemmiaire anno presente portante nuovo Regolamento per l'Amministrazione dei stabilimenti di questo genere ;

Considerando che prima di stabilire la nuova forma di amministrazione è necessario di appurare la contabilità dell'antichi amministratori, di conoscere al netto l'attivo e passivo de! detto stabilimento ;

Considerando che delle osservazioni presentate dal Cittadino Cuneo, risulta che, sotto il Governo Anglo-Corso, gli Antichi ufficiali Municipali d'Ajaccio hanno invaso una parte dell'Amministrazione dei beni et che, per conseguenza, sono per quella parte divenuti contabili ;

Considerando che è urgente di fare questo stabilimento in stato di poter corrispondere al sollievo dell'umanità, conformamente alla sua istituzione ;

Il Commissario del Diretto Esecutivo inteso,

Arresta ciò che segue :

1° In esecuzione dell'art. 1° della legge dei 16 Vendemiaire dell'anno corrente, gli ufficiali Municipali avranno l'ispezione immediata dell'Ospizio civile di questa città.

2° Nomineranno, nel termine di quatro giorni dalla recezione del presente arrestato, cinque cittadini conosciuti per il loro civismo, intelligenza, moralità, li quali forme-

ranno una commissionne incaricata dell'Amministrazione
dei beni di d° Ospizio.

3° Questa commissione scieglierà nel suo seno un Pré-
sidente ed un Segretario, e fuori di essa un Ricevitore.

4° Questo Ricevitore sarà tenuto ogni 3 mesi renderle il
suo conto per entrata et spesa che sarà rimesso all'ufficiale
Municipale per essere, dopo il suo avviso, inviato all'Amministrazione centrale, in arrestato se vi è luogo.

5° Queste nomine fatto previo con avviso gli antichi
Amministratori renderanno dentro una decade il suo
conto à mani della nuova commissione in presenza
dell'ufficiali Municipali e di un Commissaro dell'Amministrazione Centrale.

Il conto visato da questi sarà definitivamente arrestato
dall'Amministrazione di Dipartimento.

6° I libri, registri, carte di credito, titoli ed azioni, dopo
un inventario sommario, saranno rimessi alla nuova commissione, chi sarà tenuta di passarne un discarico in buona
e valevole forma agli antichi amministratori.

7° La detta commissione incaricata specialmente dell'esa-
zione dei crediti e del pagamento dei debiti, a quest'effetto
è autorizzata ad intentare liti in giustizia e fare quelle
procedure, che di diritto.

8° Di concerto cogli ufficiali Municipale presenterà un
regolamento per rendere utile e profitevole all'umanità
questo stabilimento ed impiegare nel modo più convene-
vole li fondi che li sono addetti.

Raccommanda al zelo ed attività de l'ufficiale Municipali
d'Ajaccio la pronta esecuzione del presente arrestato.

Fatto in Ajaccio, il giorno, mese ed anno sud'.

Sottoscritti Pietri, Pandolfi, Ceccaldi, Conti, Campi.

Per copia conforme sottoscritto : A. Campi.

APPENDICE IV.

Extrait de la délibération des Administrateurs de l'hospice constatant la ruine et le délabrement de l'établissement et des immeubles appartenant à l'hospice (26 Thermidor an V) 13 Août 1797.

I cittadini Gio. Girolamo Levie, Giacomo Po e Nicolo Montepagano, Nicolo Armand e Michele Stephanopoli, amministratori dello Spedale dei Poveri di questa città, desiderande di rimettere il più presto possibile lo Spedale in istato di ricevere gli ammalati, e di esser di sollievo ai Poveri che languiscono nelle pubbliche strada privi d'ogni soccorso, si sono portati nel detto Spedale per vedere i mobili che vi potessero essere rimasti, lo stato attuale dello Spedale e le riparazione che vi sono necessarie ; essi hanno trovato lo Spedale intieramente vuoto senza trovarvi il minimo mobi'e ad uso dello Spedale, che anzi la fabbrica intieramente è ruinata, essendo stata abbandonata per lungo tempo, senza alcuna guardia, di maniera che si sono trovate tutte le fenestre rotte senza serrature, e perfino rubati i ferri che chiudevano la comunicazione dalla Marina e lo Spedale : è tutto affatto incapace di ricevere gli ammalati senza fare prima le più grandi riparazioni, le quale richiedevano una grave spesa.

Si sono inseguito messi a ricercare se vi esisteva ancora alcun mobile appartenente allo Spedale, ed avendo saputo che i Citt. Francesco Colonna e Giulio Rossi erano per lo avanti gli Amministratori di quest'opera Pia, li hanno interpellati se avevano nelle loro mano alcun effetto dello Spedale. Questi hanno dichiarato che una gran parte dei migliori effetti dello Spedale erano stati presi dai com-

missari della Republica venuti in Ajaccio dopo la fuga
degli Inglesi, come hanno dimostrato da varie ricevute
dei Cittadini Bernarde Donnat, Direttore dello Spedale
Militare essendo stati presi per uso di questo Spedale :
cioè dodici strapunte, cinque pagliacci, ventiquatro tavole,
dicciassette coperte vecchie, sedici cavaletti, cinque capez-
zali, quatro para di lenzuoli, dodici scodelle di stagno per
bevere, un lavativo, due cuocchi grandi di ferro.

Sopra questi gli Amministratori dello Spedale hanno
deciso di scriverne all'Amministrazione Centrale dello
stato del Dipartimento, affinchè si compiaccia di ricla-
mare dagli intraprenditori dello Spedale Militare la resti-
tuzione dei medesimi, non essendo giusto che lo Spedale dei
Poveri soffra una sì grava perdita. Essi hanno dichiarato
ancora che una piccola porzione di effetti ad uso dello
Spedale e della Cappella esisteno nelle loro mano e conseguentemente li hanno ristituiti : cioè il Cittadino Francesco Colonna ha consegnato un lavativo nella sua cas-
setta, una padella di rame per gli ammalati da letto, un
scaldaletto di rame nuovo, cazzaruole, cioè una mezzana
nuova, ed altra piccola usata, un cantaretto, una cuoc-
chiara da brodo, una paletta di ferro da cucina, quatro
coperchi da pignatta di lama di stagno, tra grandi e piccoli,
un fondo da bilancia d'ottone, due tefanie di legno, due
piccole tavolette di legno per il mangiare, una lanterna
grande coi suoi vetri a lumi dentro, uno scossale di tela
negra per il chirurgo, un pagliaccio vecchio ed un pezzo
rotto, quatro camicie da ammalati fra buone et rotte, di-
ciotto berrettini da ammalati ; e per la cappella, quatro
corporali, sei palle, sedici purificatori, un fazzoletto da
lavabo, due cordoni, uno usato ed uno vecchio, una
pianeta di colore di cottone in seta con sua stola, mani-

polo, borsa e velo, una detto di Filosella rigata rossa con velo, manipolo e borsa, una di seta negra da morti vecchia con stolo e manipolo solamente; una stola di seta negra, un altra di seta negra vecchia, un manipolo di damasco rosso, una borsa bianca, vecchia.

Il Cittadino Giuglio Rossi ha consegnato sette cavalletti di ferro, una maschera, una pala di ferro, una coperta vecchia, una sentola per spazzare, un paro di scossale, una scala, due piccole gierre da olio, due vasi di terra per comodo, tre vasi di terra per bevere.

Questi effetti sono stati tutti rimessi nello Spedale, e gli Amministratori, vedendo che gli mobili più necessari per gli ammalati vi mancavano, hanno deliberato di ristorare immediatamente la fabbrica e rimetterla in stato di ricevere gli ammalati e di prendere tutti i mobile più necessari, atteso i riclami di tutti i poveri che vedono languire nelle publiche strade i loro simili privi d'ogni soccorso.

Si sarebbero in oltre i suddetti Amministratori traspor-tati per visitare le case appartenenti all'opera pia, ed hanno ritrovato con loro sommo rammarico, che queste presentavano lo spettacolo il più lagrimevole.

Poichè tanto le case che erano sotto ispezione imme-diata del Sindaco o Amministratori de Beni del sud[to] Spedale quanto le case date in emfiteusi si sono trovate enormamente diteriorate tanto nelle muraglie che nei legnami ed abbisognano delle più pressanti riparazione per impedire la loro totale ruina.

Hanno quindi conseguentemente deliberato di riparare immediatamente gli oggetti i più necessari alle case che appartengono dirittamente allo Spedale e che erano sotto l'ispezione dell'antico Sindaco del med[o], ed in quanto alle case che sono state date in emfitcusi, di pigliare le misure necessarie per obligare le persone che l'hanno in emfiteusi a ripararle.

Fatto in Ajaccio il ventisei Termidor, anno quinto Rep.n, in una stanza del sud.to Spedale.

APPENDICE V.

Relevé des immeubles qui appartenaient encore à l'hospice en 1797, date de la réorganisation de l'hôpital civil.

Maison strada S. Filippo (rue des Ecoles formant angle avec la rue des Bûcherons), louée par bail emphytéotique 1er Janvier 1788 à Giov. Btta Bonfante : 126 fr. par an.

1re Maison rue Calabraga (rue des Bûcherons), louée à FcꞋ Alata, 2 février 1790 : 30 fr.

2e Maison (même rue), louée à Salvatore Foce 20 Janvier 1794 : 30 fr.

3e Maison même rue, Maria FcꞋ di Carcopino, 1er mai 1796 : 30 fr.

4e Maison même rue, Ant. Giov. Pozzo-di-Borgo, 3 janvier 1792 : 30 fr.

1re Maison strada del Vecchio Seminario (rue St Charles). près de la Cathédrale, bail emphytéotique à Ignazio Pianelli, quondam Giulio Matteo, 23 janvier 1788 : 93 fr.

2e Maison (rue St Charles), bail emphytéotique 27 janviei 1788 à Andrea Ricciotti : 102 fr.

Deux magasins, strada del Vescovo (rue Napoléon). bail emphytéotique à Jean Bte Roguier, 6 mars 1790 : 84 fr.

Maison strada della Fontanaccia, (rue Roi de Rome), près de la citadelle, bail emphytéotique, louée à Giuseppe Pozzo-di-Borgo, 23 juin 1788 : 92 fr.

Maison strada della Porta, (rue du Diamant), bail emphytéotique, louée à Giacomo Coggia, 30 janvier 1788 : 95 fr.

2e Maison strada della Porta, bail emphytéotique, louée à Giuseppe Carbuccia, 6 mars 1788 : 42 fr.

Maison strada Troilo Lubera (rue du Centre), bail

6

emphytéotique, louée à Antonio Peraldi, quondam Paolo Francesco, 31 janvier 1788 : 130 fr.

1ʳᵉ Maison strada del Macello (rue des Glacis), bail emphytéotique, louée à Francesco Bocognano, quondam Carlo, 23 janvier 1788 : 108 fr.

2ᵉ Maison même rue, louée à Francesco Negro, 3 mars 1791 : 30 fr.

3° Maison, même rue, louée à Francesco Bocognano, bail emphytéotique 12 février 1788 : 64 fr.

Maison strada del Macello à gauche, louée à Ignazio Pô, 5 août 1781 : 18 fr.

Même maison louée à Lucciano Cauro, 21 mai 1786 : 24 fr.

Même maison louée à Giacomo Forcioli, 1ᵉʳ octobre 1781 : 24 fr.

Maison du Poggiolo, in borgo, louée à Francesco Cerisola 26 août 1781 : 60 fr.

Même maison, louée à Antonio Zevaco, detto Granella, 27 janvier 1788 : 30 fr.

Maison dite casa nuova, vicino allo spedale, (rue sœur Alphonse), rez de chaussée et 3 étages, louée à divers locataires au moment de la Révolution : MM. Burati capo squadroni di gendarmi ; Cosimo Poggi ancien juge ; Pandolfi 1° amministratore centrale ; Santucci juge, etc etc.

Pas de renseignements précis sur les prix de location.

Tous ces immeubles ont été aliénés, à l'exception de la maison louée à bail emphythéotique le 1ᵉʳ janvier 1788 à Giov. Bᵗᵗᵃ Bonfante pour 126 fr. par an, située rue San Filippo, à l'angle de la rue Calabraga (rue des Ecoles) et celle louée à Antonio Peraldi, quondam Paolo Francesco, le 31 janvier 1788 pour 130 fr. par an, rue Troilo Lubera (rue du Centre). Ces deux immeubles appartiennent encore à l'hospice. Le prix de location est resté le même en 1904.

APPENDICE VI.

Relevé des cens dus à l'hospice en 1797, date de la réorganisation de l'hôpital civil.

Nicolo Tomaso Masseria, un cens de 300 livres, monnaie de Gênes, sur une maison située rue St Charles.

Mag^{co} Fabiano Luiggi Cuneo, un cens de 300 lire 6 % sur une maison située strada dei Tre Marie (19 Janvier 1762), après lui la M^{ca} Communità, caution.

Mag^{co} Giov. B^{tta} et Pietro, fratelli Colonna, un cens de 200 lire sur leur maison, (15 Octobre 1761).

B^{da} Giov. Pietro Pietrasanta, un cens de 100 lire à 8 $_o$/^{o}.

Antonio Guagno, quondam Paolo Pietro, un cens de 150 lire à 8 % sur une vigne (1717, 18 Décembre) M^{co} Lorenzo Bonfante, caution.

F^{co} Calcatoggio, quondam Paolo, un cens de 100 lire 8 % sur une vigne située au Salario (31 Mars 1710).

Anton Pietro Casalonga e suo fratello Giov. Andrea, un cens de 250 lire à 6 % sopra un chioso posto a S. Gavino, Alata (20 Avril 1773).

R^o Luiggi Fieschi, un cens de 100 lire à 8 % sur une vigne à Loreto (17 Octobre 1695).

Nico'etta Baciocchi, un cens de 200 lire à 8 $_o$/^{o} sur une vigne située aux Baciocchi, lieu dit la Sposata (29 Janvier 1670).

Maestro Matteo Carbone, fù Giuseppe, doit un capital de lire 106.13 s. 4 d. (15 Décembre 1770).

Ariotto Colonna d'Istria, un cens de 450 lire 6 % (15 Mars 1712).

Pietro F^{co} della Costa, quondam Valerio, un cens de 100 lire 6 % sur le jardin et terre de Prato (23 Nov. 1783).

C^o Francesco Cuneo, un cens de 1.000 lire 5 % sur ses biens (14 floréal an 6).

APPENDICE VII.

Notice biographique sur Joseph Antoine Grandval, insigne bienfaiteur de l'hôpital civil d'Ajaccio.

Acte de naissance de Joseph Grandval

Aujourd'hui, 20 du mois de nivose, an VII de la République, à dix heures du matin, par devant nous, Nicolas Montepagano, administrateur municipal de la commune et canton d'Ajaccio, élu le dix-huit messidor passé afin de recevoir les actes destinés à constater la naissance, les mariages et les décès des citoyens, est comparu en la salle publique de la maison commune, Gaspard-Paul Grandval, officier de santé en chef de l'hôpital militaire de cette place d Ajaccio, domicilié en cette commune d'Ajaccio, rue Colletta, lequel assisté de Louise Bonardi, fille de Jean, notaire, âgée de 23 ans et de Marie Françoise Forcioli, fille de Paul, employé à la douane, âgée de 21 ans, toutes deux domiciliées rue Colletta, a déclaré à moi, Nicolas Montepagano, que Marie-Nicolette Susini, son épouse en légitime mariage, est accouchée le 20 brumaire dernier, dans sa maison située rue Colletta, d'un enfant mâle qu'il m'a présenté et auquel il a donné les prénoms de Joseph-Antoine. D'après cette déclaration que les citoyennes Louise Bonardi et Marie Françoise Forcioli ont certifiée conforme à la vérité, et la présentation qu'il m'a faite de l'enfant dénommé, j'ai rédigé en vertu des pouvoirs qui me sont délégués, le présent acte que le père du dit enfant a signé avec moi, ayant les deux témoins affirmé ne le savoir.

Fait en la Maison Commune d'Ajaccio les jour, mois et an que dessus.

Signé : GRANDVAL. N. MONTEPAGANO.

Grandval était officier de la Légion d'Honneur du 13 août 1864 ; il avait été successivement membre de la Chambre de Commerce de Marseille, président du Conseil des Prud'hommes et conseiller général des Bouches du Rhône. Dans ces diverses fonctions, qu'il ne rechercha point, il paya sa dette de citoyen en homme utile et les distinctions dont il fut honoré n'ont été que la récompense de ses services de toute nature.

Lorsque la nouvelle de sa mort, survenue le 12 mai 1872 dans la ville de Cannes, parvint en Corse, la commission municipale d'Ajaccio, se faisant l interprète de la douleur publique, se réunissait immédiatement à l'Hôtel de ville et prenait, à la date du 16 mai 1872, les résolutions suivantes :

1º M. le Maire est chargé de transmettre aux membres de la famille Grandval l'expression de la douleur et des regrets de la ville d'Ajaccio.

2º Un service funèbre sera célébré dans l'église Cathédrale.

3º Un monument sera élevé à la mémoire de ce généreux compatriote et en souvenir de ses bienfaits.

4º Une messe sera dite à perpétuité, tous les mois, à l'intention du grand bienfaiteur.

Monument à la mémoire de Grandval

· Le 10 Novembre 1879, la commission administrative de l'Hospice inaugurait solennellement le monument érigé par la reconnaissance publique à Joseph Grandval.

Ce monument s'élève contre la paroi sud du vestibule de l'hospice, au milieu d'un enfoncement ornementé formant niche, et consiste en une belle plaque rouge antique de 2 m. d'élévation sur 1 m. 25 de large. Dans la partie supérieure, est enchassé un médaillon en bronze de 25 centimètres de diamètre, à l'effigie du bienfaiteur. La partie inférieure porte cette inscription gravée en lettres d'or :

A LA MÉMOIRE

DE

JOSEPH GRANDVAL

BIENFAITEUR DE CET HOSPICE

NÉ A AJACCIO

LE 10 NOVEMBRE 1798

Plus bas sur le socle, on lit :

HOMMAGE DE RECONNAISSANCE

Le monument proprement dit est entouré d'un encadrement élégant en marbre de Carrare. Cette œuvre dont la composition est due à M. Maglioli, architecte ajaccien, a été bien conçue et parfaitement exécutée à Marseille. Il était difficile de faire quelque chose d'aussi simple avec plus de goût. L'inauguration a eu lieu le 10 Novembre 1879, jour anniversaire de la naissance de Joseph Grandval. On remarquait parmi les assistants : N N. S S. les évêques d'Ajaccio et de Ptolémaïs, le Maire, la Commission administrative de l'hospice, le Conseil Municipal, les membres du bureau de Bienfaisance, les frères des écoles de la Doctrine chrétienne les sœurs de Saint Joseph, le personnel de l'établissement et plusieurs notables habitants.

Plusieurs discours furent prononcés à cette occasion par M. le Maire Peraldi et M. le chanoine Pietri, curé de Cathédrale ; l'un et l'autre ont payé un juste tribut d'éloges à la mémoire de l'homme de bien dont le souvenir vivra éternellement dans le cœur des Ajacciens.

Le maire Peraldi a pu dire avec raison que Joseph

Grandval était entré dans l'immortalité promise aux miséricordieux ([1]).

État des donations successives faites par J. Grandval en faveur de l'hospice civil d'Ajaccio

ANNÉES	NATURE DES DONATIONS	VALEUR DES DONATIONS	OBSERVATIONS
		fr. c.	
1859	Don manuel...	17,669 86	
1860	id. ...	10,000 »	
1861	id. ...	10,000 »	
1862	id. ...	10,000 »	
1863	id. ...	10,000 »	
1864	id. ...	10,000 »	
1864	id. ...	3,960 60	En nature (huile, sucre, tissus, etc.)
1865	Aumônes.....	4,861 80	
1865	Donation......	333,000 »	En 666 actions du chemin de fer P. L. M.
	TOTAL........	409,492 26	Tous ces dons sont parvenus à l'hospice par l'intermédiaire du capitaine Campi.

---

(1) Voir notice Biographique sur Joseph Grandval par Louis Campi, conseiller municipal, Ajaccio 1879.

APPENDICE VIII.

Formule de serment prêté par les membres de la commission administrative de l'hospice d'Ajaccio sous la Restauration.

19 Février 1816. Par devant Georges Stephanopoli, Maire de la ville d'Ajaccio, les membres de la commission de l'hospice dûment convoqués : Nicolas Montepagano, André Baciocchi, Jacques Ponte, Paul François Peraldi et Jean Noël Martinenghi, propriétaires à Ajaccio ont prêté l'un après l'autre le serment de fidélité au Roi, selon la formule réglée par Sa Majesté et dont la teneur suit :

Je jure et promets à Dieu de garder obéissance et fidélité au Roi, de n'avoir aucune intelligence, de n'assister à aucun conseil, de n'entretenir aucune ligue qui soit contraire à son autorité, et si, dans le ressort de mes fonctions ou ailleurs, j'apprends qu'il se trouve quelque chose à son préjudice, je le ferai connaître au Roi.

APPENDICE IX.

Par suite d'une délibération, l'hospice civil d'Ajaccio, reçoit le nom d'hospice Eugénie.

Nous avons dit au chapitre 1er de cette Etude que par la délibération de la commission administrative de l'hospice civil en date du 17 Août 1855, le nom d'Hospice Eugénie, placé au dessous du fronton de la façade de l'hôpital, avait été substitué à celui d'Hospice Civil qu'il portait précédemment, comme témoignage de reconnaissance publique pour le don de dix mille francs que S. M. l'Impératrice Eugénie avait fait à cet établissement en 1854 par l'intermédiaire de M. le docteur Conneau, médecin de l'Empereur. Ce don permit en effet l'achèvement de l'aile nord de l'hospice.

Certes, l'Impératrice ne demandait pas ce témoignage de reconnaissance ; il était réservé à la flatterie intéressée, qui est de tous les régimes et de toutes les époques, de ne pas laisser échapper l'occasion de faire montre d'un zèle outré et maladroit.

Nous estimons que quelque grande et généreuse que puisse être la libéralité d'un bienfaiteur envers un hospice, cette libéralité ne fait que s'ajouter à celles faites antérieurement depuis des siècles à l'hospice bénéficiaire. Une plaque commémorative est suffisante pour en perpétuer le souvenir. A moins qu'il ne s'agisse de la création d'un nouvel hôpital fondé et doté entièrement par un bienfaiteur, tels l'hôpital Boucicaut et l'hôpital Rothschild à Paris, et, plus près de nous, l'hôpital Louis Salvator, du nom d'un ancien négociant de Marseille qui a légué, en Juin 1898, sa fortune évaluée à plus de cinq millions.

Nous ferons observer que l'hospice Civil d'Ajaccio, bien que fort modeste, existait déjà depuis plusieurs siècles, lorsque les donations de l'Impératrice et plus tard celle de Joseph Grandval, le plus généreux de ses bienfaiteurs, vinrent s'ajouter à toutes celles faites antérieurement.

Nous souhaitons que ces observations puissent profiter à certains enthousiastes, pour le moins intéressés, que comptent trop souvent dans leur sein les corps délibérants. Ils ne craignent pas de fausser l'histoire en émettant des vœux contraires à la vérité.

APPENDICE X.

Plaques commémoratives pour perpétuer les libéralités des Bienfaiteurs.

Par une délibération de l'année 1826, la commission administrative de l'hospice d'Ajaccio avait arrêté trois manières différentes pour perpétuer le souvenir des bienfaiteurs de l'hospice, suivant l'importance des libéralités.

Cette réglementation, par trop fiscale, n'a pas prévalu. Elle était ainsi conçue :

1° Le nom de ceux qui feront don ou legs à l'hospice des pauvres de cette ville, d'une somme de 5.000 fr. et au delà, sera inscrit sur une table en marbre blanc statuaire en lettres dorées et avec leurs armoiries en relief.

2° La dite inscription sera en lettres noires et sur tablettes de marbre commun, lorsque le don ou legs sera de 1.000 à 4.000 fr.

3° Le nom des autres bienfaiteurs de dons ou legs de 300 à 1.000 fr., sera inscrit sur un tableau, à ce destiné, qui sera posé près de la Chapelle du dit Hospice.

(Délibération de 1826, sans indication de mois ni de date).

APPENDICE XI.

Extrait du réglement pour le service intérieur de l'hôpital-hospice d'Ajaccio.

CHAPITRE II
ARTICLE 3

L'hôpital reçoit :

1° Les malades civils, hommes femmes et enfants atteints d'une maladie quelconque, ou blessés accidentellement ;

2° Les galeux ;

3° Les teigneux ;

4° Les vénériens ;

5° Les femmes enceintes ;

ART. 4

L'hospice reçoit :

1° Les veillards indigents et valides des deux sexes.

2° Les incurables indigents des deux sexes.

3° Les vieillards valides et incurables, à titre de pensionnaires.

CHAPITRE II. — *Nombre de lits assignés à chaque espèce d'indegents*

ART. 5

Le maximum de la population de l'hôpital est fixée à 144.

Le maximum de la population de l'hospice est fixée à 20.

CHAPITRE IX. — *Admissions et renvois*

ART. 7

L'admission des indigents malades dans l'hôpital est prononcée par l'administrateur de service et, à son défaut, par l'administrateur-ordonnateur des dépenses. Ils prennent autant que possible l'avis du médecin de l'hôpital.

ART. 8

L'admission ne peut être prononcée, hors le cas d'urgence, que sur la présentation d'un certificat de l'autorité compétente, attestant l'indigence du malade et d'un certificat d'un médecin connu dans la localité ; ce certificat doit indiquer la nature de la maladie.

Dans le cas où ce certificat n'aurait pas été délivré par le médecin de l'établissement, l'état du malade admis sera vérifié, dans les 24 heures, par ce praticien.

ART. 9

Les femmes enceintes indigentes ne sont reçues dans l'hôpital qu'en cas d'urgence et lorsqu'elles ont atteint le terme de leur grossesse. L'administrateur de service vérifiera l'état d'indigence de la femme admise.

Les femmes accouchées dans l'hôpital sont tenues d'en sortir avec leur enfant, dans la quinzaine qui suivra leur accouchement, à moins que le médecin ne déclare qu'il y aurait danger pour elles.

ART. 10

Le médecin adressera à la commission administrative un rapport constatant l'état précis des malades qui séjournent depuis plus de trois mois dans l hôpital et les causes qui nécessitent leur maintien dans cet établissement.

ART. 11

Les malades reconnus incurables ne seront pas conservés dans l'hôpital.

ART. 13

Le maximum du prix de la journée du malade non-indigent est de 600 fr. sans distinction d'âge ni de sexe, le minimum de 150. — Le prix est fixé provisoirement par l'administrateur de service. La commission arrête définitivement.

ART. 14

Les vieillards indigents valides ne doivent être, dans aucun cas, admis à l'hospice, avant l'âge de soixante dix ans.

ART. 15

Leur admission ne peut être prononcée que par délibération de la commission administrative.

ART. 16

Il en est de même pour l'admission des incurables.

ART. 20

Les enfants des familles indigentes ne seront pas admis à l'hospice.

ART. 21

Les vieillards, valides et incurables qui ne seraient pas indigents peuvent être admis à l'hospice à titre de pensionnaires.

Le minimum de la pension est 180 fr. par an, le maximum 720 fr.

Le prix est fixé par la commission.

ART. 22

Les indigents admis à l'hospice, jouissant d'un revenu quelconque mais insuffisant pour se passer de la charité publique, font abandon de ce revenu à l'hôpital. Dans ce cas, il pourra leur être alloué mensuellement quelques sommes modiques pour leurs besoins personnels.

CHAPITRE XII. — Service de santé

ART. 34

Les médecins et chirurgiens visitent les malades tous

les jours à 6 heures du matin, du 1ᵉʳ Avril au 30 Septembre, et à 8 heures du matin, du 1ᵉʳ Octobre au 31 Mars.

Dans les cas graves, ils font une deuxième visite à l'heure qu'ils jugeront nécessaire.

ART. 35

En cas d'inexactitude dans la visite périodique prescrite par l'article précédent et une heure après celle fixée par le dit article, l'économe de l'hôpital fera requérir pour la dite visite, le médecin adjoint et, à son défaut, tout autre praticien de la ville. Les honoraires du praticien requis seront prélevés sur le traitement des défaillants.

ART. 36

Le médecin ou chirurgien malade pourra se faire remplacer par le médecin adjoint et, à son défaut, par tout autre praticien de la ville agréé par la commission administrative.

Il en sera de même dans le cas de congés dûment autorisés.

CHAPITRE VIII. — Service hospitalier

ART. 39

Les sœurs hospitalières sont chargées du service intérieur, sous l'autorité de la commission administrative. Elles soignent les malades et les indigents. Une d'elles est spécialement chargée de ce soin pendant la nuit.

Elles distribuent après les avoir reçus de l'économe les vêtements, les aliments et tous autres objets nécessaires au service.

ART. 40

Les infirmiers et servants sont placés sous la direction de la supérieure, qui ne peut cependant les prendre et les renvoyer qu'avec l'approbation de la commission administrative.

ART, 41

Les dépôts d'argent sont remis au receveur qui en passera écriture.

CHAPITRE IX. — Service Religieux

ART. 42

L'aumônier est chargé du service religieux.

Il célèbre l'office divin, tous les dimanches et les jours de fêtes légales, à neuf heures du matin, et donne les secours spirituels, aux malades et aux indigents, etc.

CHAPITRE IX. — Ordre et discipline

Police intérieure

ART. 50

Toutes les personnes admises, soit dans l'hôpital, soit dans l'hospice, à quelque titre que ce soit, sont tenues de se conformer aux mesures d'ordre et de discipline que la Commission administrative croit devoir prescrire.

ART. 51

Indépendamment des mesures extraordinaires qui seraient dictées par des circonstances imprévues, la commission impose les suivantes :

Il est défendu sous peine d'être privé de la moitié de la portion alimentaire :

1° de fumer dans les salles et corridors,
2° d'y avoir des allumettes chimiques,
3° de cracher par terre ou contre les murs,
4° de parler à hautes voix,
5° d'aller d'une salle à l'autre,
6° de jouer.

ART. 52

Il est expressément défendu, sous peine d'être mis à la diète :

1º de se mettre plusieurs sur un même lit,

2º de se mettre habillé, dessus ou dessous,

3º d'aller au jardin sans permission etc.

ART. 53

Les insubordonnés qui seront en état de récidive pourront être renvoyés de l'établissement.

ART. 54

Les parents ou amis des malades ou des vieillards et des incurables ne seront admis à les visiter que deux fois par semaine, les dimanches et jeudis de midi à 2 h. du soir.

Il n'y aura d'exception qu'en vertu d'une permission spéciale de l'administration de service et, à son défaut, de l'administrateur-ordonnateur.

ART. 64

L'auteur d'injures adressées à un employé ou à une sœur hospitalière sera puni, pour la première fois, de la privation de sortie pendant un mois ; — pour la seconde fois, il sera mis à la salle de discipline pendant 24 heures.

ART. 65

L'inconduite notoire, et notamment l'ivresse, soit dans l'intérieur de l'établissement, soit au dehors sera une cause de renvoi pour les vieillards et les incurables.

(Extrait du règlement du 29 décembre 1859).

TABLE DES MATIÈRES

AJACCIO, IMPRIMERIE MODERNE

5 Juillet 1906.

AJACCIO, IMPRIMERIE MODERNE

5 Juin – 5 Juillet 1906.

www.ingramcontent.com/pod-product-compliance
Lightning Source LLC
Chambersburg PA
CBHW052046270326
41931CB00012B/2658